Christian Polito

Nur schaun, nicht kaufn

Unverhofft in eine Vollsanierung...

Nur schaun, nicht kaufn

Unverhofft in eine Vollsanierung…

G'schichten aus der Edermühle Band 1

Christian Polito

Impressum

Texte:	© Copyright by Christian Polito
Umschlag:	© Copyright by Christian Polito
Verlag:	Christian Polito
	Bad Großpertholz 55
	3972 Bad Großpertholz
	info@edermuehle.com
Druck:	epubli ein Service der
	neopubli GmbH, Berlin

ISBN 9783745097375

Printed in Germany

Bibliografische Information der Deutschen Nationalbibliothek

Die Deutsche Nationalbibliothek verzeichnet diese Publikation in der Deutschen Nationalbibliografie; detaillierte bibliografische Daten sind im Internet über http://dnb.d-nb.de abrufbar.

Zu Beginn...

Vorwort... Prolog... Schon wieder so etwas wo sich die Geister scheiden und es bei 5 Leuten 6 Meinungen dazu gibt.

Ernst oder lustig, lang oder kurz, neutral oder nicht?

Warum überhaupt einen Prolog?
Weil ma des schon immer so g'macht ham...

Natürlich! Was sonst!

Des is genauso so oasch wie auf einer Baustelle, wenn Du zu wenig Geld für nen Architekten (geh bitte scheiß'n mit „Die sind eigentlich gar nicht sooo teuer") und selbst kein Fachmann bist, aber genug Geld für einen total verranzten aber unschlagbar charmanten Vierkanthof im tiefsten Waldviertel in Niederösterreich hast.

„Baugutachter! Baugutachter!" hör ich meine Schwägerin noch immer am Telefon krächzen.

„Baugutachter! Baugutachter! Ja warum habt's denn keinen Baugutachter!"

Weil der genauso wenig hinter die deppaten Wände schau'n kann wie die entsprechenden

Handwerkerfirmen, mit denen ich das Gebäude gefühlte 100 Mal vor dem Kauf abgegangen bin, ohne dass die mir eine fünfstellige Summe in Rechnung stellen, wenn man sie für ihre Einschätzung haftbar machen möchte, Du hysterische Stadtpriemel, Du hysterische!

Puh, endlich ist das raus.

Wie auch immer. Zu jedem, aber auch wirklich jedem Thema gibt es 1.000 Meinungen!

Die einzige Möglichkeit die Dir bleibt, ist Dich nebenbei selbst zu informieren und rund um die Uhr auf der Baustelle zu sein und vor allem mit zu arbeiten.

Dabei erlebst Du Menschen, wo Du Dich fragst, wie die alleine nen Meter geradeaus gehen können und Menschen, die Dir ohne zu zögern ein rasiertes Mehrschweinchen als exotischen Nacktchihuahua verkaufen würden.

Letztere kannst Du dann natürlich auch verklagen, weil die ja so schön haftbar sind - Baustelle ohne Risiko!

So einen, Dir genau gar nichts nützenden Mist erzählt Dir dann die letzte Spezies - die ganz die

Gscheiten, die es nachher immer anders gemacht hätten.

Wie Du siehst, ist eine Sanierung der reinste Spaß und an purer Lebensfreude kaum zu überbieten, vor allen Dingen dann, wenn Du zu Beginn von einer Renovierung ausgehst.

Wenn Du Dich auf dieses Abenteuer einlässt, dann greifst Du am besten gleich in die Vollen und entscheidest Dich für eine über 400 Jahre alte Mühle mitten im Nirgendwo…

Kapitel 1 - Die Suche

Ach ja... 5 Jahre suchten Steffi und ich jetzt schon nach unserem Zuhause.

Da wir größten Teils von zu Hause aus arbeiten konnten, waren wir nicht wirklich standortgebunden und suchten in den günstigen Gegenden von Deutschland und Österreich.

Wir waren im Bayerischen Wald, in Sachsen Anhalt, in der Steiermark, in Kärnten, im Salzburger Land - eigentlich überall dort wo angeblich keiner wohnen will. Für was anderes hätte es ohnehin einfach nicht gereicht, denn wie Du weißt nur wer mitspielt kann Gewinnen und wir spielen nun mal kein Lotto.

Einmal hatten wir etwas sehr schönes am Wallersee im ländlichen Salzburger Raum entdeckt. Fast 1 Hektar Grund, nettes Haus direkt am Wasser - für schlappe 9,5 Millionen - nein nicht Zloty sondern Euro.

Naja, zurück zum Thema.

Wir hatten schon allerhand gesehen und erlebt auf unserer Suche, aber leider gab es immer irgendeinen Haken.

Der Haken
Was ein Haken ist?

Naja, stell Dir vor Du hast ein entzückendes Häuschen in Gams bei Hieflau mitten im Nirgendwo gefunden, keine 10 Minuten vom schönsten Bergsee den Du jemals gesehen hast. In diesem Bergsee, dem Leopoldsteinersee, hat es einen Forellenbestand bei dem Du als Angler vor Freude weinen musst. Das ist schon mal gut.

Das entzückende Häuschen hat einen dazugehörigen Grund von ca. 3.500 qm mit einem kleinen Stall für Schweine, Ziegen etc., einen Stadl inklusive Hobbyimkerei und das Dach des Wohnhäuschens sowie dessen Elektrik sind fast wie neu. Genial!

Dieses Idyll liegt an einem hübschen Bächlein inklusive traumhafter Bergkulisse und verfügt auch noch über einen guten Internetanschluss, den Du beruflich einfach brauchst - gutes Internet im Nirgendwo - sehr genial!

So und jetzt stellst Du Dir noch vor, dass Du in dieses Paradies vielleicht noch maximal 20.000 € stecken musst und das bei einem Kaufpreis von maximal 80.000 € - das ist perfekt!

Weniger perfekt ist es, wenn die 80jährige Nachbarin vorbei schaut, Dir ein Fotoalbum zeigt in dem ihr inzwischen verstorbener Mann zu sehen ist, wie er neben einem Giganten von Felsbrocken steht, der ihn um mindestens 1 Meter überragt und auf Deine Frage hin "Wo is denn des Foto g'macht wordn?" erwidert: "Des is genau da wo mir hier stehen im Garten, des war wo des Hochwasser vor 3 Jahren war".

Der lustige kleine Bach mutierte also gerne mal zur Donau mit 20% Gefälle und einer Fließkraft, die Berge versetzte.

Lebensgefahr ist ein Haken.

Steffis kurzeitige Überlegung ein Intuition freies Leben zu führen weil „eh scho nix passieren wird" und des Häuschen „gar so nett" war, wurden spätestens beim Gespräch mit den zweiten Nachbarn beendet.

Deren Haus war um einige Meter nach hinten versetzt, so dass „eigentlich" keine Gefahr vom Bach drohte.
Blöd nur, dass sich aber 3 Jahre zuvor der halbe Berghang aufgrund starker Regenfälle für einen Spontanbesuch im Haus entschied und das halbe Gebäude unter sich begrub.

Das freundliche „Mia warn ja eh ned dahoam und so is auch gor nix Schlimmes passiert - es is ja nur Geld." der Familie, die offensichtlich ganz nach dem

Motto „No risk no fun" lebte, konnte Steffi zum Glück auch nicht überzeugen.

Muren sind ebenfalls ein Haken.

Weitere "Erlebnisse"

"Nett" war auch die Geschichte vom Bayerischen Wald mit dem Haus, dass durch die eigene Quelle mit Wasser versorgt wurde. Ich höre heute noch die Stimme des gut situierten Ärztepaares aus Berlin "Da jibbet nur en kleenet Problem mit dem Wasser, det wird grad jerichtet, machen se sich bloß keene Sorgen", aber auch die Stimme des Beamten der zuständigen Behörde, der mich 2 Tage vor dem Notartermin auf mein Drängen hin endlich zurückrief um mir zu sagen: "Na, do werd nix herg'richt, d' Quoin is versaicht und mia wissn jo garned woran des liegt. D' Quoin hamma so lang g'sperrt bis mas wissn wo des überhaupt herkimmt, dess konn ois sein!"

Ja auch eine verseuchte Quelle auf deren Wasser Du angewiesen bist, vor allem wenn Du im November einziehen wolltest, ist ein Haken.

Dass der Grund 1,2 Hektar statt den angegebenen 1,6 Hektar hatte, wurde vom Maklerbüro mit einem höflichen "Ja mei, da schau'n mir ned so genau hin, der Grund kost ja hier eh fast nix" kommentiert -

ganz nach dem Motto: Darf's auch a bissal weniger sein?

Ich mein, ich will ja wirklich nicht kleinlich sein, aber wir reden da trotz der niedrigen Grünlandpreise immerhin von stattlichen 6.000 bis 8.000 €.

Bezüglich der Quelle äußerte man sich erst gar nicht - na sowas nennt man doch mal seriös.

Ein "Erlebnis" toppt das andere

Dann gab es da noch Makler die über das Objekt weniger wussten als wir aus dem Internet .

Ungelogene 6 Mal(!) "Das weiß ich jetzt nicht..." ist hier auf Platz 1 gelandet und dabei ging es lediglich um leicht elementare Fragen wie „Ähm... Das ist jetzt schon der 2te von 2 Räumen, wo das Licht nicht angeht, hat's hier überhaupt Strom?"

Dieses Haus wurde uns im Internet und am Telefon übrigens als renovierungsbedürftiges Schmuckstück, ruhig gelegen und gut zu erreichen, angeboten. Vorgefunden haben wir eine versiffte Ruine, über deren Grundstück eine Eisenbahnhochbrücke, ich wiederhole, eine Eisenbahnhochbrücke verlief und umrandet von 3 Schnellstraßen war. Ich kannte Google Maps zwar, stellte aber schnell fest, dass Dir das genau gar nichts nützt, wenn der Makler eine rosarote "I konn ois verkaffa - OIS!" Brille auf hat.

Dass man beim Verlassen des Grundstücks allerdings immer eine Münze dabei haben musste, war dann endgültig der Haken. Kopf: Du hattest einen extremen Nervenkitzel - Zahl: Du hattest einen tödlichen Autounfall. Das war DIE Todesausfahrt. 20 Verkehrsspiegel hätten hier nicht verhindern können, dass es Dich irgendwann erwischt und ein Auto mit 120 km/h in Dich reindonnert.

Du erinnerst Dich? Lebensgefahr ist ein Haken.

Nachdem mich der Makler also provisionsgetrieben vorab telefonisch bei allen Fragen falsch "informierte", meinte er abschließend, ich hätte ihn vermutlich nur falsch verstanden - das sagte er mir im Übrigen auch nur übers Telefon, denn das Haus wurde uns von 2 "Praktikantinnen" "vorgeführt", was wiederum Platz 1 mit 6 "Das weiß ich jetzt nicht..." erklärt.

Kurzes Kopfkino

Ich hätte ihn am Telefon also nur falsch verstanden, so so…

Makler:	Abrisshaus.
Ich:	Renovierungsbedürftig, ist notiert.

Makler:	Eisenbahnhochbrücke übers Grundstück.
Ich:	Völlig ruhig gelegen, hab ich.
Makler:	Umrandet von Schnellstraßen mit Todesausfahrt - Münze nicht vergessen.
Ich:	Gut erreichbar und noch mehr Ruhe, ein Traum.
Makler:	Völlig versifft.
Ich:	Ein Schmuckstück, super!
Makler:	Ich habe übrigens überhaupt keine Lust Ihnen diese unverkäufliche Ruine zu zeigen, das machen 2 Praktikantinnen, die aber rein gar nichts über das Objekt wissen.
Ich:	Perfekt, Sie sind ein Makler nach meinem Geschmack! Wir sehen uns in 4 Stunden, bis gleich!

Steffi und ich bedanken uns an dieser Stelle auch nochmal für die 8 sinnlosesten Stunden Autofahrt unseres Lebens.

Dass wir die Todesausfahrt überlebt haben, ist fast wie ein 6er im Lotto - vielleicht sollten wir doch spielen.

Makler

Wie Du merkst, ist die erste Hürde bei der Immobiliensuche der Makler - der natürlich auch weiblich sein kann, aber ich weigere mich dagegen dieses Buch zu gendern.

Ich setze hier voll und ganz auf die unglaubliche Fähigkeit meiner Leser selbst zu implizieren, dass ein Makler auch eine Frau sein kann.

Gendern auch ein Thema für sich.

Bis jetzt gab es leider nicht die Möglichkeit das Wort Studentenwohnheim in meinem Buch unter zu bringen, das gegendert jetzt Studierendenwohnheim heißen soll, weil man sonst angeblich nur Männer als Studenten im Kopf hat.

Der Spass kostet durch Änderungen der Schilder, Briefköpfe, Stempel etc. je nach Gegend ca. 100.000 € - pro Wohnheim wohl gemerkt.

Apropos „wo angrennt sein" - zurück zum Thema.

Aktive Suchaufträge, also Du sagst dem Makler was Du suchst und er findet es für Dich - er macht so zu sagen seinen Job - kann man eigentlich so gut wie vergessen.

Ganz nach dem Motto „Vorsicht! Kunde droht mit Auftrag!" ist es eine reine Glückssache ob Du eine Antwort bekommst oder nicht.

Ganz anderes verhält es sich übrigens, wenn Du selbst eine Immobilie verkaufen möchtest und in die Anzeige explizit „Makler nicht erwünscht" reinschreibst, nur um danach den halben Tag damit zu verbringen, Maklern am Telefon zu erklären, dass „nicht erwünscht" etwas anderes bedeutet als „dringend gesucht".

Es war auch immer wieder erstaunlich, wie einem großzügig vorschlagen wurde sich auf der Homepage nach Objekten um zu schauen, obwohl man 2 Sekunden zuvor über einen Suchauftrag gesprochen hatte.

Viele Makler wissen z.B. auch nicht, was das Wort Budgetgrenze bedeutet.

Es wird Dir ein Objekt gezeigt bei dem Du schon auf Wolke sieben schwebst, nur um dann zu erfahren, dass Dir leider 60.000 € fehlen.

Liebe Makler, welche der folgenden Antworten ist bei so einem Szenario wohl am wahrscheinlichsten:

a) „Ach komm Schatz, dann kaufen wir eben den Monat weniger Kaviar und Trüffel als sonst und

Savanah-Michelle braucht doch das dritte Pony auch nicht wirklich"
b) „Ach so - nur 60.000 mehr als wir haben? Schatz wirf noch mal die Druckerpresse an!"
c) „Was verstehst Du Vollkoffer an Budgetgrenze nicht!"

Ich werde jedenfalls irgendwann definitiv Seminare für Makler anbieten.

„Makler als Serviceleistung - den eigenen Beruf verstehen lernen."

oder

„Fotos können nicht schaden" mit dem Fortgeschrittenenseminar „Das geht auch in gut"

sowie

„Das angebotene Objekt kennen - Pflicht und nicht Kür"

Für die ganz hartgesottenen gibt es dann den Crashkurs „Warum Makler nicht geliebt werden - face the truth and deal with it"

Lass Dich übrigens von Maklern niemals unter Druck setzten.

Egal wie lange eine Immobilie schon inseriert ist, wie durch ein Wunder wird es fast immer zeitgleich einen oder mehrere andere Interessenten geben.

Auch beliebt - das Objekt ist eh schon so gut wie verkauft und überhaupt will der Verkäufer im Grunde genommen gar nicht verkaufen.

Das Wort Fixpreis darfst Du im Zusammenhang mit Immobilien getrost streichen - des gibts ned.

Wennst eine Immobilie zum Fixpreis erworben hast, hams Dich bschissen - ja echt jetzt.

An ca. 10% Nachlass kann man sich ungefähr ganz grob orientieren, mal kann's mehr mal weniger sein, aber eben nie nix.

Ach ja und die Zeit drängt natürlich immer - versprochen.

„400 Jahre alte Mühle mit Fischteichen zu verkaufen!"

Nach 5 Jahren Suche beginnt man langsam aber sicher zu verzweifeln.

Gerade als ich ein Buch mit dem Titel „Makler - Deutsch / Deutsch - Makler" schreiben wollte, weil Seminare doch recht aufwendig zu organisieren sind, stieß ich nach langer Zeit mal wieder auf etwas Interessantes.

"400 Jahre alte Mühle mit Fischteichen zu verkaufen! Preis 188.000 €"

Nicht nur, dass die Fotos überraschend zahlreich und mehr als ansprechend waren, nein da stand „Fischteiche"!

Weiter unten stand sogar „für Forellen geeignet"!

Ich sehe, Du verstehst grad nur Bahnhof.

Wie erklär ich Dir das jetzt am besten, was ein eigener Fischteich für mich bedeutete?

Ein eigener Fischteich, dass bedeutete für mich das, was für andere Männer lebenslanges Freibier oder kostenloses Pay TV bedeuten würde!

Ein eigener Fischteich bedeutete für mich das, was für Frauen ein lebenslanger Sommerschlussverkauf oder ein begehbarer Kleiderschrank bedeuten würde!

Und da stand nicht Fischteich sondern Fischteiche! Plural!

Das war wie Einhörner für alle!

Ich hoffe ich habe soeben, in meinem vor Glücksgefühlen überschäumenden Flashback, durch entsprechende Klischees beide Geschlechter gleichermaßen diskriminiert.

Nein, nichts zu danken.

Es war auch nicht ganz einfach Steffi zu erklären, was an Fischteichen jetzt so toll sein soll.

Sowohl auf Freibier, als auch auf Einhörner bekam ich keinerlei Reaktion.

Lediglich bei einem Lastwagen voller Gratis Schokolade, der mir in letzter Sekunde noch einfiel, zuckten ihre Mundwinkel für einen kurzen Moment nach oben.

Gar nicht beleidigend, denn Steffi ist nicht dick. Nein, sie atmet die Schokolade ein und ich bekomm die Wampe.

Da ich als alter Chauvinist bei uns den Einkauf und das Kochen übernehme ist das an der Supermarktkasse immer ganz toll, wenn die Leute mal wieder kopfschüttelnd den dicken Mann mit der Tonne Schokolade bestaunen.

Egal, ich schweife ganz ungewohnt mal wieder ab.

Nochmal von vorne.

Eigene Fischteiche.

Fischteiche gibt es viele.

Legale Fischteiche schon viel weniger.

Legale Fischteiche direkt am Haus schon eher selten.

Legale Fischteiche am Haus, die auch noch für Forellen geeignet sind - Einhörner für alle!

Dass die angebotene Mühle gar keine Mühle war, sondern ein Vierkanter bei dem bis vor einem halben Jahrhundert lediglich eine Mühle stand, war nicht weiter schlimm, brachte mich aber wieder auf die Idee „ Makler - Deutsch / Deutsch - Makler".

Es würde mich übrigens nicht wundern, wenn das Wort Luftschloss ursprünglich von einem Makler erfunden wurde, ganz nach dem Motto „Schloss zu verkaufen was irgendwann mal da war".

Es erfolgte jedenfalls der obligatorische Erstkontakt mit einem weiteren Prachtexemplar dieser Zunft.

Reich an 5 Jahren Erfahrung klärte ich zwar einige Dinge per Telefon ab, wusste aber, dass hier eher das Zufallsprinzip galt, was den Wahrheitsgehalt der Antworten anbelangte.

Lediglich 3 „Das weiß ich jetzt nicht" waren aber völlig akzeptabler Durchschnitt.

Abgesehen davon lag dieser Vierkanter sowieso weit über unserem Budget, war zu groß und an einer - laut Google Maps - fetten Straße gelegen.

"Mei Steffi, des sind grad mal 2 Stunden von hier, vielleicht ist der Preis viel zu hoch angesetzt, zu viel Platz gibt's nicht und vielleicht verarscht uns Google Maps ja mal ausnahmsweise anders rum und die Straße am Haus ist klein statt groß. Ganz abgesehen davon waren wir noch nie in Niederösterreich", waren meine Worte zu Steffi und sie willigte ein.

Ich nehme an sie hatte mein Gerede von Freibier, begehbaren Kleiderschränken voller Schokolade und Einhörnern die es im gratis Pay TV für alle gibt einfach nicht mehr ertragen.

"Nur schau'n nicht, kaufn!"

Im Terminkalender stand also fürs Wochenende "nur schaun, nicht kaufn! Ort: Edermühle"

Die Fahrt ins Nirgendwo war sehr angenehm und unaufgeregt, da es eigentlich klar war, dass wir als Rache für die letzten 5 Jahre gerade nur als Immobilientouristen unterwegs waren.

Da unser Navi mit der Eingabe „Nirgendwo" Probleme hatte, gaben wir nur das nächst gelegene Dorf als Ziel ein.

Knappe 3 Stunden später standen wir in Bad Großpertholz und fragten eine ältere Dame, die uns neugierig aus einem kleinen Häuschen beobachtet hatte, wo denn die Mühle wäre, welche zum Verkauf steht.

Ehe wir uns versahen stand das halbe Dorf um unser Auto und beratschlagte wo sich denn unser Objekt der Begierde befinden könnte.

Sofort gab es die ersten Gerüchte wer da wohl pleite ist und verkaufen muss.

Es war in dieser Situation schwer zu Erklären, dass wir eine Mühle suchten, die gar keine Mühle war.

Gerade als ich anfangen wollte pantomimisch ein Luftschloss dar zu stellen, riet man uns in Richtung der sogenannten Papiermühle zu fahren.

„Dann halt ne Schnitzeljagd - muss man ja auch mal gemacht haben" sagte ich zu Steffi, wir bedankten uns beim Dorf und fuhren los.

Nach 500 Metern bogen wir von der Hauptstraße auf eine schmale Gasse zwischen einem Schloss und der Polizei.

Nein, ich hab nix eing'schmissen, Bad Großpertholz hat nicht nur Mühlen die es gar nicht gibt, sondern auch ein Schloss, also ein echtes. So mit Mauern zum anfassen und so.

Egal, es ging weiter auf einer kleinen Straße, die einen Berg hinunter durch den Wald führte.

Nach einer kleinen Linkskurve erblickten wir sie dann endlich - die Edermühle.

Fast zeitgleich rutschte uns ein gepflegtes „Ja geh leck mich doch am Arsch!" raus.

Das was wir sahen trotzte jeder Beschreibung.

Idylle pur! Ein Heimatfilm war ein Scheißdreck dagegen!

Google Maps hatte uns tatsächlich verarscht - aus einer autobahnartigen Bundesstraße war eine kleine Nebenstraße geworden, die so selten befahren wurde, dass sogar eine Sackgasse neidisch werden würde.

Makler, Verkäufer und Trommelwirbel*tusch - die unangekündigten andere Interessenten, die original aussahen wie die Mustermanns persönlich, erwarteten uns bereits.

Die Führung übernahm der Verkäufer und beantwortete uns eigentlich alle Fragen während der Makler dabei jedes Mal ein G'sicht wie in Schuljunge in der letzten Reihe auflegte, der Panik davor hatte, aufgerufen zu werden. Wieder mal ein Makler nach unserem Geschmack.

Die Mustermanns huschten völlig orientierungslos immer mal wieder an uns vorbei - man hatte sie zuvor wohl nicht richtig auf die Rolle ihres Lebens „Der andere Interessent" vorbereitet.

Ich bildete mir ein, Herr Mustermann überlegte kurzzeitig ein melodramatisches, aber völlig natürlich wirkendes, wenn auch unüberhörbares „Hach Schatz, is das nicht schön hier?!!! Ich glaube wir werden dem Verkäufer dieser Immobilie ein groooßzügiges Angebot machen!!! Dann werden WIR den Zuschlag bekommen und nicht diese anderen Leute, die mir gerade zuhören wie ich mich soeben dazu entschieden habe ein Angebot zu machen! Nahaaa, hoffentlich wird das kein Duell des Höchstbietenden werden!"

Er fand aber wohl einfach nicht den richtigen Einsatz für seinen Monolog und beließ es deswegen beim effektvollen Vorbeihuschen.

Es gab atemberaubende und kunstvolle Kreuzgewölbe, verschiedene Stadl, einen alten Stall, den man nicht schöner hätte malen können und jede Ecke und jeder Raum hatten einen ganz eigenen Charme, der nur schwer in Worte zu fassen ist.

Weitere Highlights waren ein gemauerter Griller mit eigenem Kamin, ein wunderschöner gemauerter Ofen im Haus und eine eigene Selch im Dachgeschoss.

Der kleine Bach der durchs Grundstück floss sah aus wie frisch aus dem Paradies importiert und stellte keine Lebensgefahr - ja bis dato noch nicht einmal eine Überschwemmungsgefahr - dar.

Ja man lernt schließlich dazu und erkundigt sich vorher was da so fließt und wie das so zu den Jahrhundert Hochwassern aussah.

Was soll ich sagen... In jeder Minute in der ich mehr von "unserem" Hof sah, wurde die Stimme, die sagte „Kauf mich" immer lauter und es war mehr als schwer meine Begeisterung zurück zu halten.

Ja gut, etwas entrümpeln, die Tapeten runter, die Teppiche weg, alles neu streichen und irgendwann das Badezimmer machen und ein neuer Heizkessel etc., aber mei, es gibt Schlimmeres.

Wenn des alles weg wäre, würde bestimmt auch dieser miefige Geruch den ich nicht kannte verschwinden - alles super.

Übers Dach musste noch mal ein Fachmann schauen, aber insgesamt war das alles ganz großes Kino und hatte Schmuckstückpotenzial.

Auch dass an den Teichen seit ca. 10 Jahren genau nichts gemacht worden war und man im Endeffekt nur vor ca. 1.500 qm urwaldähnlichem Waldgestrüpp mit irgendwo Teich irgendwie drinnen stand, wurde von mir fachmännisch wegromantisiert.

Soweit so naiv.

Jetzt war da ja aber noch die Sache mit dem Preis. Ganz beiläufig wollte ich mich vorsichtig an die Schmerzgrenze des Verkäufers herantasten.

„Ja, des is schon ganz nett alles, aber der Preis is mit 188.000 € ja jetzt sicherlich nicht in Stein gemeißelt, oder?"

So lässig musst den Satz erst mal rausbringen, wenn die innere Stimme eigentlich schreit „I kauf's sofort! Wo muss i unterschreiben! I zahl ois und d'Oma leg i oben drauf wenns sei muas!"

„Naja, also weil's mir so sympathisch seit's, kömma 140.000 € mach'n".

Na Bum. Jetzt wusste ich zwar, dass Steffi und ich nicht unbedingt absolute Vollkoffer sind und man uns vielleicht unter Umständen sogar irgendwie als sympathisch beschreiben könnte, aber das uns ein Wildfremder deswegen nach 1 Stunde 48.000 € schenken würde war dann doch ganz leicht unrealistisch.

Der Verkäufer wurde unverzüglich und als reine Vorsichtsmaßnahme der Kategorie Saubatzi zugeordnet.

Aber gut, ich nahm das einfach mal so hin, weil ein „Geh bitte, jetzt erzähl mir doch keinen Scheiß du Otto" dann vermutlich doch eher wenig hilfreich gewesen wäre.

Ein inzwischen routiniertes und daher emotionsloses „Ja gut, wir werden das alles einfach mal sacken lassen und besprechen" kam stattdessen über meine Lippen und wir verabschiedeten uns.

Die Mustermanns stiegen fast zeitgleich erleichtert in ihre 2 verschiednen Autos und fuhren ebenfalls.

Es war eine ungewohnte Stille zwischen mir und Steffi und wir fuhren ohne auch nur ein Wort miteinander zu wechseln zum nahegelegenen Wirt'n.

Ich konnte Steffi absolut nicht ansehen, was in ihrem hübschen Kopf vor sich ging.

Nach einer gefühlten Ewigkeit von 15 Minuten durchbrach ich das Schweigen mit einem vorsichtigem „Und? Des war jetzt schon ganz nett irgendwie oder?"

„Ja schon, fand ich auch." kam es unaufgeregt zurück.

„Ja schon"? Das war alles? Ein „ja schon"?

Ich konnte nicht mehr - 2 Stunden hatte ich mich jetzt zusammenreißen müssen, also platze es einfach aus mir heraus!

„Scheiße, des is es doch! Des war Perfekt!"

„Ja! Find ich auch!" stimmte Steffi euphorisch mit ein.

„Aber es ist zu groß, da kannst ja fast n Studentenwohnheim draus machen, meinst nicht Steffi?"

„Ach was! Du hast doch selber g'sagt zu viel Platz gibts nicht! Da gibt es so viele Möglichkeiten! Aber der Preis is doch viel zu hoch und heißt das jetzt nicht eigentlich Studierendenwohnheim?"

„Mit dem Preis da schau ma jetzt erst mal. Der Typ is vorhin schon beim ersten nachfragen auf 140.000 € runter! Da geht bestimmt noch mehr! Und nein, bei mir heißt es Studentenwohnheim."

So zog sich das eine Stunde hin und glich einem Megabrainstorming über die Zukunft des eigenen Lebens.

Ob Studentenwohnheime übrigens wirklich ein Teil unserer Unterhaltung waren, kann ich heute nicht mehr genau sagen.

Auf der Heimfahrt waren wir gedanklich praktisch schon eingezogen und dass wir die Edermühle mindestens ein 2tes mal besichtigen würden stand fest.

Beim 2ten Besichtigungstermin, waren entsprechende Gewerke (Handwerker für die jeweiligen Bereiche) vor Ort und eigentlich war soweit alles ok.

Dass der Makler sich nicht die Mühe machte ebenfalls vor Ort zu sein, erschien angesichts seines zu erwartenden Honorars zwar etwas befremdlich, aber was soll's.

Untersteh Dich jetzt übrigens an das Wort Baugutachter auch nur zu denken!

Gut, gewisse Aussagen konnten wir erst im Nachhinein richtig deuten und im Endeffekt wussten wir schlicht und einfach nicht auf was wir uns da gerade einließen, aber das Ziel war klar. Die Edermühle sollte unser neues Zuhause werden.

Auch wenn es sich diesmal nicht wieder um die Mustermanns handelte, waren die obligatorischen anderen „Kaufinteressenten" als Statisten an diesem Tag natürlich auch wieder mit von der Partie - Business as usual.

Bieten und warten
Die vom Verkäufer zuletzt angesprochenen 140.000 € welche er uns angeboten hatte „weil wir so sympathisch" waren konnten nicht das Ende vom Lied sein.

Alleine dieser schmierige Spruch der von einem windigen Gebrauchtwagenhändler oder Versicherungsvertreter hätte stammen können lässt mich heute noch mit dem Kopf schütteln - „Weil ihr so sympathisch seid".

Gibt es wirklich Leute die so einen Unsinn glauben?

Ja gut es soll ja auch Leute geben, die denken sie würden ein Haus kaufen welches sie lediglich renovieren müssen und ehe sie sich versehen haben sie unverhofft eine Vollsanierung am Hals - aber mei, Deppen muss es ja auch geben.

Wir gehörten jedenfalls nicht dazu also boten wir 120.000 €.

„Des kannst doch nicht machen Christian - des macht der nie."

„Is scho abg'schickt Steffi und jetzt wart ma - ne Antwort kommt spätestens morgen, wirst sehen."

Jetzt kannst Du mich ruhig für den größten Klugscheißer des Jahres halten, aber halt Dich fest und schnall Dich an, am nächsten Tag kam tatsächlich die Antwort des Maklers:

Bliblablub, andere Interessenten, bliblablub, mindestens 135.000 € bliblablub, einmalige Gelegenheit, blibla die Zeit drängt bla und sowieso und überhaupt blubblub.

Ohne auch nur eine Minute zu warten um ja nicht den Eindruck einer Bedenkzeit zu erwecken schrieb ich entsprechend zurück:

Bliblablub, ach herrje, bliblablub letztes Angebot 120.000 € bliblablub, eh schönes Objekt, blibla böse, böse Zeit bla und sowieso und überhaupt blubblub.

Zugegeben - das alles konnten wir nur so durchziehen weil wir uns tatsächlich eine Budgetgrenze gesetzt und bereits ein zu Hause hatten.

Nichts desto trotz meinten wir alles genau so wie wir es sagten bzw. schrieben, was eigentlich auch der Makler merken sollte - hofften wir zumindest.

2 Wochen lang kam nichts. Komplette Funkstille. Ok, da hatten wir wohl wirklich Pech gehabt.

Schad wars scho, aber gut manchmal verliert man und manchmal gewinnen die anderen - so oder so ähnlich fühlten wir uns.

Nach 3 Wochen klingelte überraschend das Telefon „ Steht Ihr Angebot noch?" Ich wollte erst nach Steffi rufen um zu fragen auf was wir gerade alles bieten, bis mir einfiel, dass wir weder auf ebay aktiv sind noch in Aktien machten und aktuell auch keine führenden Politiker bestachen.

Da es sich also folglich um die Edermühle handeln musste gab es ein total seriöses „Ja unser Angebot steht".

„Ich melde mich per e-mail" und ein abruptes Auflegen ließen uns zwar noch mal gründlich überlegen ob wir kürzlich nicht doch mit der Mafia oder ähnlichen Strukturen zu tun hatten, aber es handelte sich tatsächlich um die Edermühle.

Kapitel 2 - Der Kauf

Einfach unterschreiben - Fehlanzeige!

Der Kauf

Nach einem 2 wöchigem Email Pingpong in der immer wieder versucht wurde den Preis doch noch nach oben zu schrauben und sogar ein kurzfristiger angeblicher Verkauf vorgetäuscht wurde, war es endlich so weit.

Der Tag der Vertragsunterzeichnung stand vor der Tür.

Eigentlich ein sehr freudiger Tag, denn was sollte denn jetzt noch schief gehen? Alle Unklarheiten waren beseitigt, alle Ungereimtheiten waren geklärt und alle Versuche, uns Dinge zu verschweigen oder schön zu reden waren aufgedeckt worden - Vertrag unterzeichnen und feiern stand auf dem Programm.

Nun war ja im Vorfeld so einiges ans Tageslicht gekommen und zum Glück von uns vereitelt worden.

Das ging von einer gegenüber uns verschwiegenen Dienstbarkeit auf einem hinteren Teil des Grundstückes (der Nachbar hat dort das Recht, das Grundstück zu begehen) über den Versuch, nur einen Teil des Anwesens an uns zu verkaufen und den Rest dann "überraschend" an jemand anderen zu verpachten oder zu verschachern, bis hin zu baulichen Mängeln, vor die einfach völlig amateurhaft Gerümpel gestellt worden war in der Hoffnung, dass sie kein Käufer entdecken würde - um nur einige wenige Punkte zu erwähnen.

Dass das Heizsystem nicht das Neueste war, wussten wir, aber laut Aussage des Maklers und des Verkäufers wurde auch in diesem Jahr schon geheizt, das hieß es lief zumindest schon mal.

Am Tag der Vertragsunterzeichnung baten wir dennoch den örtlichen Installateur zur Edermühle zu kommen, um mit uns zu schauen ob und wo man einen Schwedenofen an das bestehende Heizsystem anbringen könnte - "wegen dem Kostenvoranschlag warats g'wesen" sagte ich ihm noch freudig am Telefon.

Unser Freund Gerald, ein Immobilienmakler (Ironie ist eine feine Sache), war übrigens mit von der Partie um uns zu unterstützen.

Wie bitte?!

Nach einer kurzen Begrüßung von Makler, Verkäufer und dessen Bruder, dem der Hof zur Hälfte gehörte, traf auch schon der Installateur ein und meinte sogleich "Ah d'Edermühle, die kenn ma guat, da dreh ma im Hirbst imma olle Leitungen ab".

Was?! Wie bitte was?! "Ähm... Entschuldigung, aber wie kann denn dieses Jahr schon geheizt worden sein, wenn ihr im Herbst immer die Leitungen abdreht?!", fragte ich mit einem sehr ungutem Bauchgefühl nach.

"Na, na, des moch ma schon seit 6 Jahren so - do werd nix g'heizt."

WAS?! WIE BITTE WAS?!

Ruhig bleiben und mal schauen, was uns der Gesichtsausdruck des Verkäufers und des Maklers verrät - joa, sehen aus wie 2 Sauschratzen, die man grad beim Klauen erwischt hat, nur dass es hier nicht um 2 Kaugummis sondern um unsere Existenz geht - passt.

"Hmmm... hmmm... ja ähm und was kostet uns das jetzt, also wenn wir das so herrichten lassen, dass wieder geheizt werden kann?" fragte ich den Installateur.

"Mid oda ohne Wormwassa...?"

"Ja ne, also schon mit Warmwasser und so, naja eben so, dass wir drinnen wohnen können, also eigentlich so wie es zum Kauf angeboten wurde."

"Jo do miast ma zerst amoi den Kamin sanieren, da hamma bei fünf dausnd, dunn die Leitungen olle naus - des stemmts es eh selbst, da spoats aich nu wos - und dann no hiadamoi dudomoi diri wari duri, so 40.000 schätz i."

"Zloty oder was?" wollte ich zuerst fragen aber die Frage verkniff ich mir, denn der Installateur konnte ja schließlich nichts dafür und hatte uns mit seiner Auskunft soeben den Allerwertesten gerettet.

Betretenes Schweigen beherrschte die Edermühle bis ich versuchte, die Stimmung etwas aufzulockern indem ich ein lockeres "Ich denke Steffi, Gerald und ich geh'n dann erst mal was Essen und 'n Bier trinken bis der Notar kommt!" in den Raum warf.

Ohne dem Makler und die Verkäufer eines Blickes zu würdigen, die drei hatten seit der Ankunft des ihnen sehr vertrauten Installateurs wohl ihre Stimmen verloren, verließen wir die Edermühle und gingen zum nahegelegenen Wirt'n.

Kaufen oder nicht und wenn ja zu welchem Preis?

So wütend hatte ich Steffi selten erlebt! Wenn ich mich recht erinnere schnaubte sie wie ein Stier - zwar ein kleiner süßer Stier, aber ein Stier.

Ich gebe zu, auch ich musste meine Schnappatmung unterdrücken.

"70.000 - mehr kriegt der nicht!" eröffnete Steffi unsere Diskussion, "ach was, 60.000!" fuhr sie ohne Luft zu holen fort, wobei sich ihre Stimme förmlich überschlug. Mann, war die wütend!

Gerald versuchte die Lage etwas zu beruhigen, was ihm immerhin zweckmäßig auch irgendwie gelang. Wir diskutierten lange hin und her und waren schließlich bereit, 80.000 € anstatt der 120.000 € zu bieten - genau der Betrag weniger, der uns nach der Lüge mit der angeblich tadellos funktionierenden Heizung sauber um die Ohren geflogen wäre.

Dass wir eigentlich nie sanieren wollten, nein nicht ein mal teilsanieren, ging in der ganzen Aufregung irgendwie unter und ich ging weiterhin von einer Renovierung aus.

Sehr naiv von mir?

Na echt!? wirklich!? Wahnsinn…

Nach einem guten Essen und mit beruhigten Nerven machten wir uns auf, zurück in die Edermühle zu fahren.

Entschuldigen's bitte vielmals meine Direktheit, aber wollen's mich jetzt verarschen?!

Dort warteten bereits Makler, Verkäufer mit Bruder und Notar auf uns und wir gingen in die Küche, wo die Verträge bereit lagen.

So ruhig als irgend möglich klärte ich die anwesenden Herren darüber auf, dass wir nun wohl etwas zu besprechen hätten, woraufhin doch tatsächlich versucht wurde, mir eine Verwunderung über diesen Umstand vorzuspielen.

"Nun ja, wir haben hier auf ein Haus mit funktionierender Heizung geboten, was ja nun offensichtlich nicht der Fall ist, oder?" versuchte ich zu "erklären" und kam mir dabei vor, als müsste ich erklären warum 1+1= 2 ist.

"Sie ham doch g'sehn, das d'Heizung oid is" antwortete der Makler voller Inbrunst.

Ok, ok nochmal das 1+1= 2 Spiel, dachte ich mir und versuchte weiter ruhig zu bleiben.

"Seit wann ist alt gleich kaputt?! Entweder funktioniert etwas oder es ist kaputt, das ist doch ganz einfach. Und dass die Heizung funktioniert sagten Sie ja, als Sie meinten, dass dieses Jahr schon eingeheizt wurde."

Was jetzt kommt ist bei den Top 10 der dümmsten Ausreden dabei - versprochen, denn was ich als völlig ernst gemeinte Antwort bekam war folgendes:

"Na, na, da hams uns missverstanden, was mia gmeint ham wor, des ma im Innenhof a Faia gmocht hom, verstehns, des wor mit heizn gmeint!"

2 Möglichkeiten schossen mir durch den Kopf - körperliche Gewalt, die ich eigentlich doch eher ablehne oder aufstehen und gehen - ich sah, wie Steffi exakt dasselbe überlegte.

„Entschuldigen's bitte vielmals meine Direktheit, aber wollen's mich jetzt verarschen? Entweder mia diskutier'n des jetzt hier auf einem gewissen Niveau aus - und zwar über eine massive Preisreduktion - oder wir brechen das Ganze jetzt ab! Unsere Zeit müss' ma jetzt echt nicht verscheiß'n, die is nämlich einiges wert, ich weiß ja nicht wie des bei Ihnen ausschaut", schoss es einfach so aus mir heraus.

Eigentlich wartete ich jetzt auf diesen Moment wie er in Filmen immer wieder vorkommt.

Du weißt schon, diese Szenen wo nach so einer Wahnsinnsansprache einer aufsteht und langsam zu klatschen anfängt und nach und nach alle anderen mitmachen bis ein tosender Applaus entsteht.

Weder Steffi noch Gerald machten allerdings Anstalten zu klatschen und wenn ich selbst damit angefangen hätte wär des auch irgendwie blöd gekommen.

Na gut, also kein Applaus für mich.

Aufgeben ist keine Option!

Stattdessen Schweigen und betretene Blicke unserer Gegner, Feuer und absolute Entschlossenheit in Steffis und meinen Augen.

"Ja, was habt ihr euch da denn jetzt vorgestellt?" durchbrach der Verkäufer, auf fast hochdeutsch, etwas verunsichert das Schweigen.

Was nun folgte, waren fast geschlagene 2 Stunden knallharte Preisverhandlung!

Mal ging ich mit Steffi und Gerald vor die Tür, mal mit dem Makler, dann wieder mit einem der Verkäufer.

Auf der anderen Seite dasselbe Spiel - mal Verkäufer mit Makler, dann Bruder mit Steffi, dann ich mit Makler, dann wieder Verkäufer mit Bruder.

Zwischendurch immer wieder eine "offene Diskussionsrunde" mit allen Beteiligten - ehrlich, der

Lanz Markus vom ZDF hätte eine Traumeinschaltquote mit uns gehabt.

Steffi und ich wollten unbedingt diesen Hof, aber wir wollten uns auch nicht verarschen lassen.

Die Verkäufer und der Makler wollten unbedingt verkaufen, hatten aber leider nicht die Idioten vor sich, die sie sich erhofft hatten.

Es war mehr als eine schware Partie...

Die Edermühle wird unser neues Zuhause!

Nach einem fast nicht enden wollenden Preis- und Emotionspoker ging es nur noch um 3.000 € mehr oder weniger.

Jetzt oder nie - "drauf g'schissn" wie wir in Bayern sagen.

Wir einigten uns in einem mehr als auf der Kippe stehenden Finale auf 98.000 € von ursprünglich gebotenen 120.000 € - das Argument des schlichtenden Notars, dass wir ja nicht die kompletten 40.000 € einer Neuinstallation des Hauses abziehen können, leuchtete uns natürlich ein und wir waren es ja nicht, die hier jemanden über den Tisch ziehen wollten.

Die Verträge wurden nach Ausbesserung der Kaufsumme unterschrieben und die Edermühle sollte unser neues Zuhause werden.

Ach ja, der ursprüngliche Preis 6 Jahre zuvor sollte gerüchteweise 350.000 € betragen haben. 2 Jahre später waren es dann nachweislich noch 260.000 € und als wir uns die Edermühle ansahen wurden noch 188.000 € dafür aufgerufen.

Eins darf man bei sowas natürlich nicht vergessen - Haus und Hof verfielen natürlich von Jahr zu Jahr immer mehr und schwerwiegender und wir sind uns sicher, dass die Edermühle einen weiteren Winter nicht wirklich überstanden hätte.

Wäre es nach dem Bruder des Verkäufers gegangen, so wäre die Edermühle wohl zerfallen - wie viele Höfe, deren Besitzer den Preispoker einfach zu sehr auf die Spitze treiben wollten.

Die Übergabe

Als nächster Schritt stand noch die obligatorische Übergabe an.

Zwischenzeitlich hatte uns der Verkäufer immer wieder mit dem Ziel kontaktiert, wir mögen doch bitte das Geld auf dem Treuhandkonto schon vor der Übergabe freigeben, weil ja eh alles passen würde.

Ja klar, überhaupt kein Problem. Es ging ja schließlich um nix also warum nicht. Ich mein' wir waren dem ja so sympathisch, der würde uns ja nie bescheißen oder?

Ich verkniff mir jedes mal das durchaus angebrachte „Sag mal willst Du uns verarschen Du Otto!" und lehnte stattdessen immer wieder höflich ab.

Am Tag der Übergabe begleitete uns Gerald zum Glück wieder, denn der Makler hielt diesen Teil seines gut bezahlten Jobs anscheinend für völlig überbewertet und war erst gar nicht erschienen.

Ein weiteres Maklerhighlight für das es diesmal knallhart einen entsprechenden Punktabzug in der Bewertung in Form von weniger Honorar gab.

Wir hatten die Schnauze von Maklern dieser Art einfach endgültig und gestrichen voll.

Die Firma des Maklers schrieb zwar zuerst eine Mahnung, aber nach einer entsprechenden Email, in der wir sachlich über die Aufgaben eines Maklers aufklärten, waren die 500 € weniger plötzlich kein Problem mehr - aus reiner Kulanz versteht sich.

Nicht, dass wir uns jetzt missverstehen und Du denkst Steffi und ich gehören zu der Sorte

Menschen die andere auf Teufel komm raus um ihren Lohn für erbrachte Arbeit bringen würden.

Ganz im Gegenteil, aber der Makler machte bei dem ganzen Verkauf faktisch genau gar nichts, außer sich beim ersten Besichtigungstermin die Eier zu kraulen und 5 Wochen später diesen einen mafiösen Anruf von 3 Sekunden zu tätigen.

Ja gut, ich weiß jetzt natürlich nicht wie viele Kreativstunden dabei draufgingen die dümmste Ausrede aller Zeiten zu erfinden - Du weißt schon die, wo das Haus mit einem Lagerfeuer im Innenhof beheizt wurde.

Wir glauben allerdings, dass einem sowas selten dämliches zwangsweise eher spontan über die Lippen kommt. Naja und an einem Schauspielkurs für die Mustermanns wurde ja ganz offensichtlich auch kräftig gespart.

Wie auch immer.

Alle offenen Fragen, wie wasserrechtliche Dinge wegen der Teiche, baubewilligungstechnische Sachen bezüglich des Gebäudes selbst, die entdeckte Dienstbarkeit auf dem hinteren Teil des Grundstücks, ach was weiß ich noch alles - das alles regelte unser Freund Gerald für uns.

Der angebliche Makler hätte genauso gut auch Balletttänzer oder freiberufliche Pantomime sein können und es wäre niemanden von uns aufgefallen.

Den Namen des Makler nennen wir selbstverständlich nicht - aus Kulanz versteht sich.

Ansonsten war die Übergabe recht unspektakulär, außer der Umstand, dass der Verkäufer nach der Schlüsselübergabe und einem von mir dabei erzwungen „alle mal lachen"-Foto, regelrecht zu seinem Auto sprintete und mit quietschenden Reifen davon raste.

Ob es die fehlende antike Schreibmaschine, die verschwundene Waschmaschine oder einfach nur die Freude das Objekt nach über 6 Jahren endlich los zu sein waren, die ihn zu diesem Abgang veranlassten, können wir nicht sagen.

Kapitel 3 - Die Entrümpelung

So, jetzt konnte es los gehen mit dem renovieren, denn eine richtige Sanierung sieht ja schließlich anders aus, da muss man ja wirklich alles neu machen und mei bei uns war's ja nur die Heizung.

Luft machen und entrümpeln - nach dem Motto "Alles muss raus!" begannen wir mit der Arbeit.

Es dauerte ungefähr 2 Wochen und wir hatten den ersten winzigen Schritt geschafft - die Edermühle konnte wieder atmen.

10 Meter hohe Fichten, welche man ja auch gleich direkt ins Mauerwerk hätte pflanzen können, wurden gefällt, 6 Meter lange Erdschlangen wurden aus den Regenrinnen entfernt und gefühlte 3 Tonnen gemeiner Efeu (im wahrsten Sinne des Wortes) sowie wilder Wein wurden von den Außenmauern entfernt.

Die Edermühle bekam erstmals seit 6 Jahren wieder Luft und wir hörten unsere alte Dame förmlich erleichtert aufatmen - ein erstes Erfolgserlebnis!

Keine Zeit für Pausen, es war Oktober 2014 und bis Dezember 2014 wollten wir einziehen! Unrealistisch?! Ach was! Der Glaube versetzt bekanntlich Berge! Blöd nur, dass er keine Sanierungen beschleunigt, aber das sagt einem ja wieder mal kein Mensch, vor allem dann nicht, wenn man immer noch glaubt nur zu renovieren.

Eine Containerflatrate wäre nicht schlecht!

Wir krempelten die Ärmel hoch, spuckten kräftig in die Hände und begannen die Entrümpelung. Man glaubt ja ums Verrecken nicht, wie viele Sachen auf so einem Hof Platz haben! Steffi übernahm das Ruder, denn ich war völlig überfordert und wusste einfach nicht, wo wir überhaupt anfangen sollten. Überall waren Dinge die weg mussten - im Erdgeschoss, im ersten Stock, in den Gängen, im Stall, im Schober, auf dem ersten Dachboden, auf dem zweiten Dachboden, auf dem dritten Dachboden, auf dem vierten Dachboden, im Schuppen, oben, unten, hinten, vorne, links, rechts - einfach überall!

Steffis Plan war simpel aber wahnsinnig effektiv, also sortierten wir im ersten Gang einfach grob zwischen aufbewahren und 100% wegschmeißen.
Verschimmelte Möbel und Kleidung, alte Medikamente, nicht mehr verwendbare Kartons, ach im Endeffekt fast alles, was lose im Haus war, musste leider entsorgt werden.

Nach dem ersten Wochenende mit 14 Stunden Schwerstarbeit pro Tag, hatten wir wirklich unglaublich viel geschafft, aber irgendetwas war nicht ganz rund.

"Ze fix! Des gibt's doch jetzt gar nicht Steffi! Des sieht doch eigentlich genau so aus wie vorher, oder?!" sagte ich zu Steffi und erhoffte mir aufmunternde Worte. Stattdessen bekam ich ein seufzendes "Ja... Ich weiß..." von ihr zurück.

Kleiner Flashback :
"Du Steffi, was meinst, wie viel Container werd' ma da zum Entsorgen brauchen?"

"Mei, ich glaub schon so 3 bis 4 oder?!"

"Naja, insgesamt vielleicht, also mit Bauschutt dann, wir nehmen ja eh die großen"

"Na Schmarrn Christian! 3 bis 4 nur fürs Glumpats!"

Steffi hatte wenigsten den Hauch einer Ahnung, ich gab halt einfach ne "Experten"-Einschätzung ab und lag völlig überraschend total daneben wie sich bald herausstellen sollte. Das Ganze sah aus wie der Beginn eines Marathons, es fühlte sich an wie der Beginn eines Marathons, aber einen Marathon hatten wir doch gar nicht bestellt! Wo kam denn der jetzt auf ein mal her?! Ja mei, wenn er jetzt schon a mal da is der Marathon, dann mach ma'n halt den Marathon, bleibt uns ja eh nix anderes übrig, war das wenig begeisternde Fazit.

Ich hatte mir eine Renovierung bis jetzt jedenfalls anders vorgestellt.

Wie viel Freunde ham ma denn jetzt? Na, ned die von Facebook sondern die Echten!

Obwohl selbst unsere Zeigefinger 'nen Muskelkater hatten, wählten und tippten wir uns die Finger wund, um Helfer für die Entrümpelung zu finden. Es gab tolle Überraschungen und herbe Enttäuschungen - 8 Wochen später hatten wir übrigens keine privaten Facebook Accounts mehr. Nicht, dass uns nicht bewusst war, dass man Facebook-"Freunde" prinzipiell auch in Facebook-"Bananen" o. ä. umbenennen könnte, aber wenn man sowieso schon unter 100 Facebook-Bananen hat und dann gerade einmal 10 positive Rückmeldungen bekommt, ist das schon sehr dünn. Sagenhafte 2 Personen kamen dann auch wirklich, um mit anzupacken.

Egal wir hatten ja zum Glück auch ein Leben außerhalb von Facebook und da wurden wir wirklich positiv überrascht!

An dieser Stelle ein aufrichtiges Dankeschön für jede helfende Hand! Ihr wart einfach nur großartig und wir sind Euch unendlich dankbar!

Ach ja, es gibt inzwischen übrigens auch eine Facebookseite der Edermühle - sind wir nicht alle ein bisschen Banane?

Schaut langsam leer aus - und jetzt?!
So langsam sah man Fortschritte - großartig! Während der Entrümpelung gab es sehr viele interessante Dinge wie uralte Schreibmaschinen, eine verschollene Kiste voller antiker Briefmarken und Dokumente (nein Microsoft Aktien sind nicht antik), 100 Jahre alte Hofwerkzeuge und vieles mehr zu entdecken. Der Berg "erst mal behalten" war im Endeffekt also auch in der Einheit "Container" zu bemessen.

Überwiegend waren es jedoch gefühlte 2 Millionen Tonnen Gerümpel und Müll, zu denen noch alte, verschimmelte Teppiche, Gardinen und vieles mehr hinzu kamen.

So eine Renovierung war anstrengender als gedacht, aber zum Glück sanierten wir ja nicht.

Wir hatten schon so viel schlimmes von Sanierungen gehört und gelesen - nein wir renovierten.

Wie gesagt, wir renovierten sehr intensiv, aber keinesfalls würde eine Sanierung daraus werden. Niemals!

Kapitel 4 - Stemmen und Putz abschlagen

Um es gleich vorweg zu nehmen, das Entrümpeln nahm auch 2015 kein wirkliches Ende, aber es musste ja jetzt trotzdem weiter gehen, denn in unseren Köpfen war Dezember 2014 ja schließlich Einzugstermin.

Was stand also als nächstes an - nach Vorgaben des Installateurs und Elektrikers Wände für die neuen Leitungen stemmen und natürlich die alte Farbe und die Tapeten von den Wänden kratzen.

"Steffffffiiiii...!" schallte es schon nach wenigen Minuten durch die Mühle. "Jetzt schau dir des an" sagte ich genervt und deutete mit meinem 10 Zentimeter Amateur Spachtel auf die Wand vor mir.

Dort wo eben noch geplant war, die todschicke rosa Blümchen Tapete von anno 18 Hundert von der Wand zu spachteln, klaffte ein Krater von einem halben Meter Durchmesser im Putz.

"Ja mei, dann müss' ma halt Putz abschlagen, des hab ich mir schon gedacht" meinte Steffi wissend und hörte sich schon wie die Heimwerkerkönigin persönlich an.

Wie Putz abschlagen? Bei Renovierungen wird kein Putz abgeschlagen, das wäre mir jetzt wirklich neu!

Bei Sanierungen wird Putz abgeschlagen, aber wir sanieren schließlich nicht. Es musste sich um ein einfaches Missverständnis handeln.

Irgendwie wurde ich allerdings das Gefühl nicht los, dass Steffi im Gegensatz zu mir eine Ahnung hatte, was wir hier eigentlich taten und sie auch genau wusste, warum sie mir das vor dem Kauf nicht gesagt hatte - wofür ich ihr im Nachhinein übrigens mehr als dankbar bin.

Nur damit Dir das auch richtig bewusst wird, was mit „Ja mei, dann müss' ma halt Putz abschlagen…" gemeint war - damit war der Putz im ganzen Gott verdammten Haus mit 240 Quadratmeter Wohnfläche samt Kreuzgewölben und Rundbogenfenstern gemeint! Das wurde mir aber auch nur so ganz nebenbei bewusst…

Großkunde beim Containerdantler

Na gut, dann wird der Spachtel eben durch einen Hammer ersetzt. Schon nach nicht einmal einer halben Stunde hatte ich einiges gelernt:

1. Ich hasse Staub.

2. Es gibt Atemschutzmasken und Dinger die nur so aussehen.

3. Ich wusste jetzt, warum der Containerdantler so nett zu uns war als er von unserem Kauf der Edermühle erfuhr und so faire Preise von Anfang an hatte - Großkunden werden eben nett behandelt.

4. Die Geschichte mit der Renovierung musste unter Umständen hinterfragt werden und wir sollten Housten mitteilen, dass wir ein Problem haben!

Und täglich grüßt das Murmeltier

Die kommenden 2 Monate sollten wie folgt aussehen:

Montag bis Donnerstag alles rund um die Baustelle organisieren und versuchen nebenbei seinen normalen Job zu machen.

Freitag 2 Stunden Fahrt zur Mühle, 10 bis 14 Stunden a scheiß Hakn (zu deutsch: nicht so schöne Arbeit), 1 Millionen Kalorien als Abendessen, duschen, Tiefschlaf, mit Muskelkater wieder aufwachen und wieder 10 bis 14 Stunden a scheiß Hakn. Dasselbe Spiel dann auch am Sonntag, nur dass am Abend nicht das Bett wartete sondern 2 Stunden Heimfahrt und Montag fing das Spiel von vorne an.

Schon wieder hatte ich einiges gelernt:

1. Ich hasse Staub noch immer.

2. Steffi und ich sind eigentlich eine Art Roboter, die man anscheinend auch auf Endlosschleife programmieren kann.

3. Wenn Dein Roboterpartner nicht 100% perfekt zu Dir passt, saniere um Himmels Willen niemals eine alte Mühle.

4. Es könnte eventuell möglich sein, dass wir sanieren und über das Motto „Jetz is eh scho wurscht" nachdenken sollten.

Da gibt's doch diese Schlitzfräsen oder?!

Nun waren da ja noch diese ominösen Stemmarbeiten für Leerrohre und die Heizungsinstallation, aber das ist ja relativ schnell gemacht. Anzeichnen, bisschen Schlitzfräse mit tollem Staubabzug und läuft.

Naja, YouTube hat mir das so gesagt.

Genau das kannst Du bei 1,20 Meter dicken Mauern aus überwiegend Flußsteinen und teilweise Granit nämlich komplett streichen - wie immer alles nach Plan, wunderbar.

Hatte ich eigentlich schon erwähnt, dass ich Staub hasse?! Was jetzt kommen sollte war, als ob Du einen Menschen mit Höhenangst per Helikopter auf'm Gipfel vom Watzmann absetzt und ihm dann viel Spaß wünscht.

Ich bekam von einen hilfsbereiten Nachbarn einen 20 Jahre alten Stemmhammer mit gefühlten 100 kg Eigengewicht in die Hand gedrückt, während Steffi neue Atemschutzmasken orderte - diesmal die Guten.

Irgendwann erbarmte sich ein weiterer Nachbar und stellte uns seine Hilti-Sammlung zur Verfügung. Falls Du jetzt nicht weißt was eine Hilti ist: Klar kannst Du in nem Trabbi von hier bis nach Italien fahren, aber in ner Limousine ist's angenehmer. Nichts desto trotz - Lärm, Staub in ungeahnten Dimensionen, Muskelkater an Stellen die ich gar nicht kannte, Fäkalsprache die ich hier nicht schreiben kann, die Auszeichnung "Kunde des Monats" beim Containerdantler sowie ein sehr freundlicher Physiotherapeut waren das Ergebnis.

Nicht zu vergessen, dass ich wieder was gelernt hatte:

1. Staub is oasch!

2. Ich bin keine Art Roboter, ich bin eine Maschine!

3. Granit gehört verdammt nochmal nicht in Wände!

4. Ich weiß, dass wir sanieren - ze fix!

Ach übrigens...

Im späteren Wohnzimmer wollten wir eigentlich nur den alten Teppich rausreißen, dann die Reste abkratzen und irgendwann mal einen ordentlichen Boden machen.

Theorie ist so was Tolles! Da kann man 10 Jahre im voraus planen, exakte Zeiten und Kosten berechnen und Risiken rausprognostizieren. Tja und dann kommt die Praxis und sagt "Ois Oasch, des schaut nämlich jetzat ois genau anders aus Spetzi! Host mi!"

Der Schimmelexperte überbrachte diesmal trotz einer positiven Nachricht auch die Nachricht der Woche. Wenn Du sanierst oder baust, gibt es immer eine Nachricht der Woche, versprochen.

Was war die positive Nachricht? Naja auf die Frage hin, wann seine Firma hier tätig werden würde und in welchem Kostenrahmen wir uns bewegen würden - wega dem Geruch den ich nicht kannte warats gwesn - lachte er nur und meinte, dass wir seine Firma dazu nicht benötigen würden weil man das alles leicht selbst in den Griff bekommen würde, womit er zum Glück auch Recht behalten sollte.

Super - läuft!

Was war also dann die Nachricht der Woche?

„Naja nur den Boden müsst's halt rausmachen, weil des bringt nix, da nach 6 Jahren Lehrstand ein Risiko einzugehen."

Egal - Boden raus, OSB Platten drüber, läuft - klingt leicht. "Ois Oasch Spetzi!" offenbarte die Praxis, nachdem wir die erste Holzdiele (jaja, uns hat's ja auch weh getan) weg gestemmt hatten. Hier befand sich nämlich der anno 18 Hundert als Dämmstoff sehr beliebte Schutt, gemischt mit Erde und Schlacke in nicht geringem Ausmaß.

„Aber das können wir drinnen lassen oder?" fragte ich den Herrn Experten obwohl mein Hausverstand mich schon längst eines besseren belehrt hatte.

„Na, des muss auch raus - gehört ja eh zum Boden" kam es logischerweise zurück.

Weißt Du was das hieß?! Leicht für'n Arsch! Alles musste raus! Per Hand! Wir befanden uns jetzt in einem Marathon im Marathon, einem Parallelmarathon wenn Du so willst. Ich buchte die nächsten 4 Wochen Physiotherapiestunden im Voraus und hoffte vergebens auf wenig Staub.

Es war eine Tortur und die schrecklichste Arbeit, die wir bis jetzt in der Mühle die gar keine Mühle war machen mussten. Nicht weniger als 3 Tonnen Erde und Schutt - ich wiederhole 3 Tonnen Erde und Schutt - schaufelten wir per Hand, auch das wiederhole ich - per Hand - über mehrere Wochen aus dem zukünftigen Wohnzimmer. Die abendliche Kalorienzufuhr wurde auf 2 Millionen erhöht, die Duschzeit verdoppelt, der Tiefschlaf glich einem Koma und der Muskelkater wich purem Schmerz, den der Physiotherapeut zu lindern versuchte.

Ach ja, eine Baustelle im Winter bei -10 Grad ohne Heizung ist übrigens super. Nach 2 Minuten Pause hast Du die Wahl zwischen Reinhold Messner oder weiterarbeiten und arbeitest weiter, weil abgefrorene Zehen einfach nicht sehr sexy sind - sorry Reinhold.

Man lernt ja nie aus wie Du weißt, also auf ein Neues:

1. Ich will nie wieder Staub sehen. Es darf ab sofort auch nicht mehr über Staub gesprochen werden. Schon der bloße Gedanke an Staub ist verboten. Oh mein Gott, wie sehr ich dich hasse, Staub!

2. Ich bin immer noch eine Maschine, muss aber oft in die Werkstatt.

3. Ein Haus ist wie eine Schachtel Pralinen, man weiß nie was man kriegt - lauf Forrest, lauf!

4. Ich weiß warum wir nie sanieren wollten

Ende gibt's nicht!

Nicht, dass jetzt hier der Eindruck entsteht, nur ich hätte das große Los gezogen und die ganzen Arbeiten, die so richtig Spaß machen, für mich behalten. Steffi hatte ihre große Liebe im Farbschichten abspachteln entdeckt und liebt die Arbeit bis heute sehr. Wenn ich mal alleine sein möchte, langt es wenn ich einen kleinen Spachtel auf den Tisch lege und sie verlässt unverzüglich den Raum.

Auch sei zu erwähnen, dass man sich den Titel Kunde des Monats beim Containerdantler hart erarbeiten muss. Das ist aber kein Problem, denn alles was Du da mit Liebe und Leidenschaft stemmst, muss dann ja schließlich in Scheibtruhen und die müssen dann zum Container vor dem Hof, wo Du das Werk Deiner Arbeit dann noch in den Container abladen musst.

Der Vorteil dieser monotonen Schwerstarbeit ist allerdings, dass Du auch einfach mal Leerrohre für z.B. ein Netzwerk im Haus stemmst, weil das Motto lautet "Jetzt ist's eh schon wurscht!".

Das einzig Gute war, es konnte ja jetzt wirklich nicht mehr schlimmer kommen.

Kapitel 5 - Der Installateur der nie hier war

Das Herzstück der Mühle nur in die besten Hände!

Die Installationsfirma, welche uns durch einen Bekannten empfohlen wurde, wurde bereits in 3ter Generation geführt und kam von etwas weiter weg, genauer gesagt aus München.

Nein, wir hatten zwischenzeitlich nicht im Lotto gewonnen, aber wir waren gerne bereit etwas mehr zu zahlen, denn schließlich ging es hier um das Herzstück unserer Edermühle. Im Vorfeld war der Juniorchef persönlich vor Ort, notierte sich alles, besprach mit uns jedes Detail, zeichnete uns noch die Stemmarbeiten vor und machte rundum einen sehr kompetenten Eindruck.

Nachdem die Stemmarbeiten für die Heizungs- und Wasserrohre gemacht worden waren, wurden diese von der besagten Installationsfirma auch abgenommen und für "sehr gut" befunden.

Ich stemmte ganz nebenbei erwähnt zum ersten mal in meinem Leben einen Betonboden weg und war mehr als nur heilfroh, dass es sich lediglich um nur ca. 5 Quadratmeter handelte.

Sobald sich so ein Abbruchhammer mit seinen knapp 40 Kilo nämlich in Bewegung setzt beutelt's Dich schon mehr als nur ordentlich durch - Baustellenfeeling at its best so zu sagen.

Du freust Dich auch jedes mal wie ein verdammtes Wienerschnitzel wenns mal mehr als nur den üblichen Quadratzentimeter vom nicht enden wollenden Betonboden weghaut - mehr als nur Dreck und anschließende Physiotherapie verstehen sich natürlich von selbst.

Wie auch immer, der Zeitplan sah 2 Mann, 2 Wochen vor. Der Preis war zwar kein Anlass für Luftsprünge, aber es ging ja wie gesagt um eine sehr wichtige Arbeit wo alles passen musste.

Bei Ankunft Feierabend
Als die beiden Installateure Kevin, ohne Führerschein, und Milad, ohne Sprachkenntnisse, bei uns ankamen, war das zwar schön, aber ohne Material lässt es sich halt schwer arbeiten, also wurde erstmal Pause gemacht. "Das Material müsste heute noch kommen hat der Chef gesagt" meinte Kevin. Kein Problem, wir hatten für heute sowieso Feierabend bzw. noch einen Termin in Gmünd, etwa 20 Minuten von unserer Mühle entfernt. Also ab in die Pension, duschen, umziehen und was essen. Als es zu dämmern anfing fuhren wir Richtung Gmünd,

machten aber einen Abstecher zur Edermühle um zu sehen, ob sich da etwas tat.

Super, da tat sich einiges! 2 Installateure, die das Waldviertel im Winter mit Spanien im Frühling verwechselt hatten, standen zitternd mit ihren Stoffjäckchen um ein Lagerfeuer, welches sie kurzer Hand mitten in unserem Garten entflammt hatten. Auf die Idee, dass es wohl keine Heizung geben würde, wenn wir eine Installationsfirma mit der Heizungserstellung beauftragen würden, kamen die beiden wohl nicht. Zuerst fragen, ob man den Garten flambieren darf, wird sowieso überbewertet.

Na das fing ja schon mal gut an, aber wir mussten zu unserem Termin, der Rasen würde nachwachsen und erfrieren wollten wir die Beiden ja schließlich auch nicht lassen.

Neuer Tag, neues Glück!
Am nächsten Tag, das Material wurde offensichtlich tatsächlich in unserer Abwesenheit geliefert, begannen die Arbeiten und der Albtraum gleich mit.

"Du Kevin sag mal, wir haben doch mit dem Chef besprochen, dass wir diese 28er Leitungen nehmen, auf dem hier steht aber 26 drauf?" bemerkte Steffi irritiert.

"Nee, nee, da ist alles in Ordnung, das ist von nem anderen Hersteller und ist dasselbe wie das 28er" kam es völlig überzeugend zurück.

Im Nachhinein natürlich selten dämlich von Steffi und mir so einen Unsinn zu glauben, aber hey, wir sind Laien und bei Kleidung variieren die Größeneinheiten ja auch je nach Hersteller für ein und dieselbe Größe.

Langsam wird's auffällig

Am Tag als die Pufferspeicher kommen sollten, fragte ich aus reiner Neugier einmal nach, wie diese eigentlich in den Heizraum kommen.

"Das ist eine gute Frage " ist keine gute Antwort darauf. Nur zur kurzen Erinnerung, der Junior Chef persönlich hatte hier geplant und wir sind Laien.

Ein kurzer Anruf beim Hersteller bestätigte mein ungutes Bauchgefühl. Abgesehen davon, dass diese elefantengroßen Dinger durch keinen Eingang passten, passten sie nicht einmal in den Heizraum.

Wir überspringen meinen Wutausbruch der mit einem harmlosen „Echt jetzt oder?" anfing und einem vergleichsweise harmlosen „Denen ham's doch allen ins Hirn g'schissen." aufhörte, weil dieses Buch nicht auf irgendeinem Index landen soll.

Wir machen einfach bei dem Teil der Geschichte weiter, wo wir vor der Wahl standen ohne Heizung da zu stehen oder aber einen Teil des alten Stalles einbüßen zu müssen.

Obwohl die Entscheidung ja offensichtlich schien verhielt ich mich wie ein 5jähriger, der das einfach nicht einsehen wollte.

„Also Christian, was mach ma jetzt?" fragt Steffi nach 1 Stunde Bedenkzeit meinerseits völlig entnervt.

„Ich weiß nicht…"

„Ja aber Du hast ja nur 2 Möglichkeiten - keine Heizung oder einen kleineren Stall"

„Ich weiß…"

„Ja und was mach ma?"

„Ich weiß nicht…"

Steffi gab mir für dieses Spiel großzügigerweise 3 Wiederholungsrunden, bis ich mich daran erinnerte ein 35jähriger Mann zu sein und mich völlig überraschend für die Heizung und einen kleineren Stall entschied.

Alarmglocken? Ach was! So etwas kann schließlich jedem passieren, auch wenn man sich bis heute fragt wie.

Der Hoffnung blind folgend, bis Weihnachten trotzdem fertig zu sein, stemmte ich 2 Tage lang entsprechende Verbindungen zwischen Heizraum und Stall. Warum 2 Tage lang für ein paar Löcher? Wega der 1,20 Meter dicken Wand aus Granit und Flußsteinen warats g'wesen…

Dann vergingen 4 Tage, an denen wir nicht anwesend waren. Auf "Kleinigkeiten" wie, dass nur ein Zufall verhinderte, dass wissentlich die vollkommen falsche Badewanne eingebaut wurde oder dass wochenlanges Boden rausstemmen für die Fußbodenheizung mit einem einfachen "Nee, das geht jetzt doch nicht" (natürlich ging es) quittiert wurden, gehen wir jetzt mal gar nicht ein.

Mammuts und andere G'schichtln

Plötzlich erhielten wir um ca. 19 Uhr die Nachricht, dass man viel schneller als gedacht vorangekommen sei und man in spätestens 2 anstatt noch übriger 6 Tage fertig sei. Jetzt meinst Du vielleicht, wir sollten uns doch freuen, oder?

Würdest Du Dich denn freuen, wenn Dir jemand sagt "Du Spetzi pass auf, super Nachricht, der

Weihnachtsmann und der Osterhase haben gerade beschlossen, dass Dir die Glücksfee die Lottozahlen von nächster Woche verraten soll und die Zahnfee hat zugestimmt!"? Das stank bei dieser Vorgeschichte bis zum Himmel!

"Wir müssen da jetzt hinfahren!" sagte Steffi ganz hektisch.

"Steffi, der Radio sagt, dass da im und rund ums Waldviertel viel Eis ist und ein paar Straßen gesperrt sind!"

"Das ist mir egal, wir müssen da jetzt hin!"

"Steffi! Wenn wir Glück haben dann sind wir um 21 Uhr da und können grad eh nix machen!"

"Christian! Wir fahren da jetzt hin, die machen unsere Mühle kaputt!!!"

Ok, Treffer versenkt, wir packten rasch ein paar Dinge zusammen und fuhren los. Im Waldviertel angekommen stellten wir sehr schnell fest, dass wir versehentlich 5 Millionen Jahre in der Zeit zurück gereist waren und uns in der verdammten Eiszeit befanden. Alles und ich meine wirklich alles war vereist! Während wir von einer gesperrten Straße zu nächsten zuckelten, warteten wir bei Tempo 20 nur darauf, dass jeden Moment ein Mammut die Straße queren würde. Dieses seltene Naturschauspiel war wirklich mehr als unheimlich und sorgte in dieser Nacht für ca. 400 Feuerwehreinsätze im Waldviertel.

Als wir um ca. 23 Uhr bei der Mühle ankamen, also nach gschmeidigen 4 Stunden Fahrt, trafen wir völlig überraschend auf 2 ebenso überraschte Installateure. Wir fuhren gemeinsam zur Pension und ich fühlte ihnen auf den Zahn. Was soll ich sagen, wenn etwas nach Bullshit aussieht, danach riecht und sich auch so anfühlt, dann ist es in der Regel auch Bullshit. Wir verlangten bei der für morgen geplanten Überprüfung der Dichtheit der Rohre (das sog. Abdrücken) dabei zu sein, weil wir ab jetzt genau gar nichts mehr glaubten - naja außer an die Sichtung eines Mammuts vielleicht.

Ja nee, is klar!
Nächster Morgen 7 Uhr Frühstückstisch Pension, eine mulmige und angespannte Stimmung liegt in der Luft.

"Kevin, wie lange dauert das Abdrücken?"

"Das habe ich schon gemacht."

"Was? Warum? Wann denn?" stotterten wir verdutzt.

"Na heute Nacht" kam es vollkommen ernst zurück.

Er wollte damit sagen, dass er entgegen unserer Abmachung, mutterseelenallein und zu Fuß 20 Minuten durch den vereisten Wald spazierte um dann eine Dichtheitsprüfung für das komplette Haus zu machen und das ganze um 2 Uhr Nachts bei -20 Grad!

Eigentlich fehlte nur noch der Teil, wo er auf einem Mammut zurück zur Pension geritten ist, wobei dieser Teil der glaubwürdigste gewesen wäre. Wir machten uns unverzüglich auf zur Edermühle!

Herzlichen Glückwunsch - es ist ein Supergau!

Was wir 5 Minuten später in unserer Mühle vorfanden ist einfach unmöglich mit Worten zu beschreiben, wobei das "So etwas habe ich lange nicht mehr gesehen" des später gerichtlich bestellten Sachverständigen ein Indiz ist.

Es fing mit simplen Fragen wie "Du Kevin, wie soll der Maurer das verputzen, das steht ja in allen Ecken komplett aus der Wand raus?" an. Tatsächlich kam darauf der Vorschlag, einfach einen 30 cm Mauervorsprung zu machen und einen Blumentopf davor zu stellen, es sei ja schließlich ein altes Haus, wo man Kompromisse eingehen müsse. Echt jetzt, genauso passiert, kein Scherz!

Auch für die ungedämmten Rohre, welche vom Heizraum in den Stall zu den Pufferspeichern durch 1,20 Meter dickes Mauerwerk gingen, hatte Kevin eine kompetente Lösung parat: "Das könnt ihr ganz einfach mit Bauschaum machen.". Natürlich warum nicht. "Wir könnten aber auch ganz einfach ganz viele Smarties drauf schütten, dann is es wenigstens bunt und mia ham a fetz'n Gaudi dabei Du Hirsch" dachte ich mir.

Bei den nicht vorhandenen Wandanschlüssen für die Heizkörper, man hatte hier einfach Plastikrohre unter der gesamten Länge der Heizkörper künstlerisch hingewurschtelt, sagte Kevin einfach "Da hättest Du ein anderes System bestellen müssen." Milad verplapperte sich dann allerdings und meinte "Na, na gibt schon das, aber haben nix gemacht, weil kostet 6 € fur eins Stück" - achso, na dann, wenn das so ist.

Es ging aber munter weiter im Kabinett des Grauens. Als wir Kevin dezent darauf hinwiesen, dass die Pufferspeicher, auf denen ein großes Schild stand "Wasser wird bis zu 95 Grad heiß!" mit Rohren verbunden waren auf denen groß stand "Maximalbelastung 75 Grad" bekamen wir eine prompte aber sehr komplexe Erklärung "Nein, nein, dass passt schon so". So ging das ca. eine halbe

Stunde, denn wirklich genau gar nichts war so, wie es sein sollte.

Die Erklärungen und Antworten auf die immer skurriler werdenden Kunstwerke wurden langsam extrem phantasievoll und für einen kurzen Moment hielten wir Kevin und Milad für die Gebrüder Grimm die als Handwerker verkleidet durch die Lande zogen.

Da Steffi aber nicht wie Goldmarie aussah und ich schon gleich 2 mal nicht, verwarf ich die Idee den beiden einen Apfel an zu bieten. Kurz bevor uns Kevin und Milad ein Säckchen mit Zauberbohnen verkaufen wollten, beendeten wir die Märchenstunde dann endgültig.

Als die beiden Vollprofis bemerkten, dass Steffi und mir klar wurde, was hier angerichtet worden war kamen keine Geschichten mehr, sondern ein bühnenreifer Abgang.

Man versuchte uns ganz subtil abzulenken, indem man uns übelst beschimpfte und anschrie, dabei in den Wagen stieg und einfach mit quietschenden Reifen wegfuhr. Nur zu Deiner Erinnerung, das hier ist kein Märchenbuch. Warum quietschende Reifen in der Edermühle so beliebt sind, können wir Dir leider auch nicht sagen.

Ein Zuckerl gab's natürlich obendrauf, denn um am Vortag zu überprüfen ob die Anlage dicht war (*Trommelwirbel* War sie natürlich nicht! * Tusch) wurde vor unserem Überraschungsbesuch und gegen unseren ausdrücklichen Willen die komplette Anlage mit Wasser befüllt. Bei -20 Grad im Winter ist das halt einfach nur oasch!

Man sagte uns nicht nur nicht, dass sich noch Wasser im kompletten System befand sondern verneinte dies eine Stunde zuvor sogar noch ausdrücklich. Da wir aber ja nur 1 und 1 zusammen zählen mussten, war diese Überraschung eigentlich gar keine mehr. Es war schlicht und einfach der Supergau wie man ihn nicht einmal seinem schlimmsten Feind wünscht. Steffi und ich ließen also noch bis 2 Uhr nachts das Wasser aus dem System, um unsere Edermühle zu retten.

Steffi weinte das erste Mal seit unserem Projekt und ja, ich gleich mit. Nein, nicht weil wir den Einzugstermin Dezember 2014 wie einen holzwurmbefallenen Zahnstocher knicken konnten, sondern weil es ganz einfach um unsere Existenz ging!

Also doch!
Als Krönung ging es in dem darauf folgendem gerichtlichen Verfahren darum, dass die Firma, die

uns um ein Haar unsere Existenz ruiniert hätte, doch tatsächlich behauptete, sie hätte nie für uns gearbeitet, sondern lediglich Material geliefert. Es handelte sich also doch um die Gebrüder Grimm.

Wie die Geschichte vor Gericht ausging erzähle ich ein anderes Mal, denn das reicht für ein ganz eigenes Buch.

The show must go on
Fakt war, wir standen im Moment nicht nur ohne Heizung da, nein wir mussten neben einer gerichtlichen Bestandsaufnahme auch noch einen Ersatzinstallateur organisieren.

Ich bring unsere Situation für Dich mal metaphorisch auf den Punkt.

Ein guter Installateur im Waldviertel für so ein Riesenprojekt und das auch noch im Dezember ist wie eine Toilette - besetzt oder beschissen.

Es war keine Zeit für Selbstmitleid, denn die nächste Baustelle auf unserer Baustelle wartete bereits.

In dieser leicht stressigen Phase bekamen wir eines Tages überraschend prominenten Besuch.

Rose aus dem Film Titanic stand auf einmal in Mitten unserer Baustelle. Du weißt schon die alte

Dame am Ende des Films, die, die das Herz des Ozeans ins Meer wirft.

Nein natürlich war es nicht die Echte, aber sie sah genauso aus - selbes Alter, selber Stil, also eine über 90 jährige Dame von Welt.

Jetzt kannst Du Dir bestimmt denken, dass eine Baustelle bei -10 Grad - es war inzwischen immerhin wieder etwas wärmer geworden - kein geeigneter Ort für eine betagte Dame diesen Alters ist.

Gut, sie hatte auch den Untergang der Titanic überlebt, aber man musst das Glück ja schließlich nicht unnötig herausfordern.

Ich sprang ihr über 30 Stolperfallen auf 10 Meter mehr oder weniger elegant entgegen um höflich zu fragen, ob und wie wir ihr behilflich sein könnten. Vermutlich hatte sie unseren viel zu großen Hof mit der Titanic verwechselt - naja Größe und momentane Stimmung passten ja.

Wie sich herausstellte handelte es sich nicht um Rose aus Titanic sondern um die 94 Jährige Urenkelin von einem der Vorbesitzer um 1910.

Von uns gestützt gingen wir durch die Baustelle und sie erzählte uns faszinierende Geschichten von damals.

„Da hatte der Urgroßvater sein Büro", sie deutete in Richtung unserer angehenden Küche „und hier gegenüber waren die Dirnen untergebracht" ihr Blick ging dabei in unser zukünftig geplantes Stüberl.

„Die Dame meint Mägde und nicht Dirnen oder?" nahm ich Steffi beiseite während die alte Dame sich begeistert alles ansah.

„Keine Ahnung, warum?" fragte Steffi irritiert.

„Na weil ich nicht glaube, dass die Dame uns hier stolz erzählt wo der Uropa seine Prostituierten untergebracht hatte. Ganz abgesehen davon wärs jetzt schon komisch wenn wir uns nen 100 Jahre alten Puff gekauft hätten, findst nicht?"

Steffi quittierte meine Klugscheißerei mit einem liebevollen Tritt gegen mein Schienenbein und wir widmeten uns wieder der geschichtlichen Führung.

„Und irgendwo war eigentlich eine Durchreiche, ich glaube das war im 1. Stock…" murmelte Rose laut vor sich hin.

Durchreiche? Da war keine Durchreiche oder etwa doch?

„Sind Sie sich sicher - da sind ja nur Mauern oben und alle ohne Durchreiche" fragte ich vorsichtig nach.

„Ja, ich bin mir ganz sicher" sagte sie und beschrieb wo sich die ominöse Durchreiche ungefähr befunden haben soll. "Der Urgroßvater hat übrigens auch gerne Sachen versteckt, also gut versteckt meine ich…" dabei funkelten ihre Augen genau wie auf der Titanic als sie diesen riesen Juwel in ihrer Hand hielt.

Mit diesen Worten bat sie uns, sie noch bis zu ihrem Auto nach draußen zu begleiten und verabschiedete sich, nicht ohne uns eine Einladung für Kaffee und Kuchen bei sich auszusprechen.

Kaum war die Dame verschwunden stieß ich ein lautes „Das Herz des Ozeans!" aus und Steffi schaute mich dementsprechend an.

Keine Ahnung für wen sie die alte Dame die ganze Zeit gehalten hat, das war mir aber auch wurscht, denn ich hatte schließlich einen Schatz zu bergen.

Mit Kramp'n und Spitzschaufel bewaffnet eilte ich zur beschrieben Stelle und fing hektisch an die Wand ab zu klopfen - Zentimeter für Zentimeter.

Als ich schon fast aufgeben wollte veränderten sich die Klopfgeräusche deutlich. Ein Hohlraum!

Jetzt wurde auch Steffi etwas hibbelig und gab mir das OK zum Wanddemolieren und ich demolierte als gäb's kein Morgen mehr.

Na und jetzt rate mal, was da zum Vorschein kam… Richtig, nichts außer einem Hohlraum. Da war früher tatsächlich eine Art Durchreiche gewesen, nur leider hatte der Urgroßvater nichts darin versteckt.

„Jetzt hams des Scheißding doch ins Meer g'schmissen…" murmelte ich und Steffi schaute mich wieder dementsprechend an…

Kapitel 6 - Hiobsbotschaft gefällig?

Wenn man kein Glück hat, kommt auch noch Pech dazu.

Zur Erinnerung - wir hatten vor dem Kauf etliche Handwerksbetriebe zur Edermühle gebeten um in etwa einschätzen zu können was so alles auf uns zu kommen würde - also so rein theoretisch ist das vorbildlich.

Wie auch immer, nun ging es um ein konkretes Angebot für das Stalldach, was etwas mitgenommen aussah. Bei den tatsächlichen Sanierungskosten, laut endgültigem Kostenvoranschlag, lagen wir mit unserer Vorabschätzung nur um ca. 1.000 € daneben, was eigentlich einer Punktlandung bei so einer Riesenrenovierung gleicht.

Ja gut, Sanierung, meinetwegen. Ein Versuch war es wert.

Das Stalldach hat's nicht eilig!
Die grandiose Nachricht war, dass das Stalldach nicht sofort gemacht werden musste sondern noch 4 bis 5 Jahre Zeit hatte.

"So soll's laufen! Genau wie beim Haus Steffi! Des gibt uns Luft für dringendere Dinge!" atmete ich erleichtert auf und Steffi nickte freudig.

"Des Dach vom Haus schau ma uns jetzt a no gach o" kam es vom Profi, der soeben unser Stalldach begutachtet hatte, zurück.

"Kein Problem, des ham ma auch schon anschaun lassen, des hat noch so ca. 6 Jahre Zeit, aber schaun schad ja nix" sagte ich völlig gelassen und wir begaben uns zum Dachboden des Hauses.

Während der Zimmermann sich am Dachboden umschaute, schmiedeten Steffi und ich Pläne, welche Dinge wir nun überraschenderweise sanieren könnten.

Hintergrundgeräusche

Immer wieder kam ein "Mmmh na!" oder "I woas ned" zwischen den üblichen prüfenden Klopfgeräuschen des Zimmermanns, die unseren Träumereien aber keinen Abbruch verliehen.

Die üblichen Hintergrundgeräusche die wir inzwischen gewohnt waren, wenn Handwerker etwas überprüfen. Man achtet nach einer Weile nicht mehr drauf, weil man als Laie daraus genau gar keinen Schluss für sich ziehen kann. Man braucht das nicht mal zu versuchen.

Das ist in etwa so, als ob Deine 98 jährige Uroma versucht Dir bei Gesprächen über Social Networks zu folgen. Im besten Fall hört sie heraus, dass das wohl irgendetwas mit diesem Internet zu tun haben muss, auch wenn sich das ihrer Meinung nach nie durchsetzen wird.

Solltest Du in diesem Handwerkerfrühstadium doch mitreden wollen, dann endet das zu 99% so, als ob Du als Antialkoholiker bei einem Sommelier einen Schluck Wein nimmst, ewig darüber schwadronierst welch tolles Bukett der doch hat und während Du über die Vielfältigkeit sowie das Anbaugebiet dieses Jahrhundertweins mit sinnierst, weist man Dich dezent darauf hin, dass Du den Spucknapf verkostet hast.

"Des muss g'macht werd'n!" tönte aus dem Hintergrund.

„Ja, des hab ich Ihnen ja gesagt, da muss erst mal nix g'macht werden - passt"

„Na! Das muss g'macht werd'n! Verstehen Sie? Gemacht muss das werden!" knallte mich eine verbale Ohrfeige in bemühtem hochdeutsch aus meinen Gedanken!

"Wie? Was muss g'macht werden?"

"Na ois! Einfach ois!" knallte es mir eine saftige zweite auf österreichisch hinterher!

"Ok, der blufft! Der will die große Kohle machen, ganz klar!" schoss es mir durch den Kopf. "Halt, Moment, warum will er dann das Stalldach nicht machen, mit dem wir doch sowieso gerechnet haben? Oh Gott, ein Trick im Trick bestimmt! Der wusste, dass er mit der ersten positiven Prognose unser Vertrauen gewinnt um dann den Jackpot mit dem Haus zu haben!" Bevor sich meine Paranoia bis zu den Illuminaten weiterspinnen konnte, unterbrachen mich Steffis "Christian?" unterstützt von einem herzlichen aber bestimmten Kniff in den Arm. " Passt eh ois, Sie seng so blass aus?" setzte der Überbringer dieser Teufelsnachricht nach.

Das wars!
„Äh… Na… Na passt schon" stammelte ich, gefolgt von einem etwas offensiveren „Meinen's des jetzt wirklich ernst, des kann doch jetzt echt nicht sein!" Ich kam mir dabei vor wie ein Fußballspieler der gegen eine rote Karte protestierte - als ob es jemals ein Spiel gab wo ein Schiedsrichter gesagt hätte "Nein, nein Herr Ronaldo, des war nur ein kleiner Spaß, nix für ungut gell!".

Der Zimmermann hatte sichtlich Mitleid mit uns und versuchte meinen Kreislauf daran zu hindern für heute Feierabend zu machen. "Des kost jetz a ned d' wöid, des kriag ma scho..."

"Ja äh… und was heißt des jetzt in genauen Zahlen?" fragte ich inzwischen völlig neben mir stehend, wo übrigens auch Steffi stand.

"Mei, 60.000, mehr nicht..."

60.000! Mehr nicht! Meine allseits beliebte Frage, ob es sich dabei um Zloty handle, kam mir diesmal nicht ein mal mehr in den Sinn. Ich musste jetzt erst mal verdauen, dass es im Waldviertel Handwerker gab die 60.000 € als "nicht die Welt" sowie "mehr nicht" bezeichneten und somit offensichtlich zum heimischen Geldadel gehörten. Ich bat seine Handwerklichkeit um Erlaubnis etwas Luft schnappen zu dürfen, während Steffi glaub ich einen Knicks machte.

Jetzt erst recht!
Natürlich teilte ich Steffi als erstes meine Theorie mit, wie dieser Zimmermann letztendlich mit den Illuminati die Weltherrschaft übernehmen wollte, indem er unser Hausdach sanierte.

Ein überzeugendes "Schmarrn Christian!" ihrerseits widerlegte diese Theorie jedoch und wir überlegten was wir nun machen sollten. Von "Wir nehmen uns nen Strick" was aufgrund der maroden Dachbalken ausschied, bis hin zu "Wir wollten doch eh Lotto spielen" wurden so ziemlich alle Möglichkeiten ausgelotet. 2 Stunden später setzten wir alles auf eine Karte, schnürten eine Art griechisches Edermühlen - Rettungspaket zusammen und gaben nach 2 weiteren Vergleichsangeboten sowie etlichen schlaflosen Nächten das "Go" für die Komplettsanierung unseres Hausdachs mit nicht weniger als 300 qm Dachfläche samt Dachstuhl.

Das Risiko, dass der royale Zimmermann Recht hatte und wir am Ende mit einem undichtem Dach da stehen würden, war uns einfach zu groß.

Es war nun endgültig der Punkt gekommen an dem absolut nichts mehr schief gehen durfte! Es ging jetzt endgültig um alles oder nichts! Bis zur Fertigstellung war uns das übrigens jeden Tag und jede Stunde bewusst!

Es war wie eine Last und ein Motor zugleich - Steffi und ich gegen den Rest der Welt!!! Auf geht's!

Bevor seine Handwerklichkeit samt Firma loslegte war jedoch noch einiges an Vorarbeiten von uns zu leisten, die es in sich hatte!

Ob Du es jetzt glaubst oder nicht, aber genauso steht es geschrieben und ist mit Fotos belegt - diese Arbeit war eine weitere Steigerung des

Schwierigkeitsgrades auf unserem Sanierungsmarathon.

Kapitel 7 - Vorbereitung zur Dachsanierung

Arbeit, damit die Arbeit beginnen kann

Wie mach ma des jetzt?

Wie schon erwähnt standen einige Vorarbeiten unsererseits an, bevor es mit dem neuen Dach so richtig losgehen konnte.

Es gab auf dem Dachboden ein ausgebautes Schlafzimmer, welches Steffi und ich gedanklich schon Weihnachten 2014 bezogen hatten. Nicht nur, dass wir bereits Februar 2015 hatten, nein, das Schlafzimmer musste natürlich weg - also komplett alles. Bevor wir diesen Traum von einer Arbeit allerdings angehen konnten, gab es ein kleines Problem. Zwischen Schlafzimmerdecke und Dachbodenspitze entdeckten wir einen Vergnügungspark für Marder - zwischen ca. 10 Millionen alter Verpackungsschachteln für Zündsteine, welche auf dem Schlafzimmer seit Jahrzehnten vor sich hin gammelten, hatten die nämlich sichtlich ihren Spaß gehabt. Wie wir später erfuhren, hatte eine Vorbesitzerin, eine gewisse Paula Böhm 1945 eine Feuersteinfabrik in unserer Mühle.

Hannes und Bernd gaben sich übrigens zu unserem Glück ein kurzes nachbarschaftliches Gastspiel.

"Wie mach ma des jetzt?!" fragte ich genervt aber immerhin bemüht lösungsorientiert.

"Na, einer geht hoch und schaufelt die Schachteln vom Zwischenraum aufn Dachboden und dann trag ma se runter" antwortete Steffi vollprofimäßig und meine Spetzln nickten gehorsam.

Abgesehen davon, dass es sich weniger um einen Zwischenraum als vielmehr um eine Zwischenhöhle handelte, machte es für mich einfach keinen Sinn, 5 Jahre lang vom Dachboden ins Erdgeschoss zu laufen, bis wir 10 Millionen Schachteln per Hand runtergetragen hätten. Das musste einfacher und schneller gehen, nur wie?

Genau so mach ma's!
Steffi legte nach und es kam ihr die zündende Idee, wie wir das Problem am besten lösen könnten. Vor uns ragte nämlich ein Kamin durchs Dach, der wiederum bis nach unten ins Erdgeschoss führte, also wurde dieser kurzerhand zum Schacht umfunktioniert.

Bernd, der schlankste und kleinste von uns, wurde für seine Expedition in noch nie erforschte Zwischenräume zu krabbeln, ausgestattet. Mit seinem Helm, der Stirnlampe, der Atemschutzmaske, den Handschuhen, seiner Schaufel und der Art wie er schaute, hatte er was von einem Maulwurf der in Mission impossible mitspielte.

Meine Wenigkeit stand zwischen der äußeren Schlafzimmerrückwand und dem Kamin mit einer Schaufel bereit um das Ganze in den Schacht zu schaufeln und Steffi bildete mit Hannes im Erdgeschoss die Kette zum Abtransport - ganz recht, schon wieder ein Container, welch Freude.

"Die Schaufel kannst du hier vergessen!" mit diesen Worten kam mir eben diese von Bernd entgegen geflogen. "Hier auch!" stimmte ich wenig erfreut mit ein. Der Zwischenraum auf dem Schlafzimmer war einfach zu eng und das Kamintürchen zu schmal um mit Schaufeln zu arbeiten - Riesenüberraschung. Naja, dann halt alles mit den Händen, es half ja nicht.

Steffis Idee entpuppte sich wirklich als grenzgenial und wir 4 arbeiteten wie ein Uhrwerk zusammen. Trotz dieses Umstandes war fast ein ganzer Tag für diese im Gesamtbild wenig weiterbringende Arbeit notwendig und unsere beiden Helfer mussten leider auch schon wieder abreisen.

Die richtige Entscheidung - wenigstens etwas!

Endlich konnten wir beginnen das Schlafzimmer wegzureißen und was sich dahinter verbarg bestätigte die Entscheidung, das Dach komplett neu zu machen. Der royale Handwerker hatte offensichtlich als Einziger den richtigen Riecher gehabt. Versteckt in der mehr als laienhaft ausgeführten Dämmung moderte es an einigen Stellen schon vor sich hin und Balken, die ein 3jähriger mit bloßen Händen hätte zerbröseln können, kamen zum Vorschein. Alte Wespennester, Marderhaufen und ähnliches durften hier natürlich auch nicht fehlen.

Wir rissen also das Schlafzimmer raus. Hört sich einfach an, ist es aber nicht. Nein, es war wirklich eine Scheißhakn, weil die Wandlatten aus Massivholz mit ca. 5 Meter langen Nägeln, gut vielleicht waren sie auch nur 15 Zentimeter lang, für die Ewigkeit festgenagelt waren. Dieser Arbeitsschritt beschäftigte uns ca. 2 geschlagene Wochen, aber dafür waren wir auf dem besten Weg den Titel "Kunde des Jahres" beim Containerdantler zu erringen, wir hatten ja schließlich einen Ruf zu verteidigen und da verstehen wir keinen Spaß.

Irgendwann war aber auch das geschafft und durch die völlig absurde Annahme, dass wir damit unsere

Schuldigkeit getan hätten, war ich dementsprechend zufrieden, wenn auch fertig und erschöpft.

Meine eigene kleine Welt

Steffi schaute mich jetzt schon seit 5 Minuten so komisch an. War es denn so ungewöhnlich mich glücklich zu sehen? Irgendetwas schien meiner Stephanie auf dem Herzen zu liegen.

Ich nahm sie in den Arm, drückte sie ganz doll und fragte "Hey, was ist denn los? Wir haben jetzt doch wieder so viel g'schafft, freu dich doch!"

"Ich freu mich ja, aber ich glaub du hast was vergessen...", sagte sie zögerlich, "...der Boden...!"

„Der Boden?" Was sollte denn mit dem Boden sein, grübelte ich innerlich. Da müssen halt wieder ein paar Latten raus, schön ist anders, aber da gab es ja nun wirklich Schlimmeres. Meine Güte, wenn ich da an meinen Erzfeind den Du weißt schon wen - den, dessen Name nicht genannt werden darf - nein nicht Lord Voldemort ze fix, sondern S t a u b - denke, der als 3 Tonnen Überraschung im Wohnzimmer unter dem Boden gewartet hatte... Halt... Stopp... Boden... hmmm… Boden… jetzt ganz langsam Columbo... oh mein Gott! Boden!

Wie in Zeitlupe riss ich meine Arme weit in die Luft, sank langsam, kopfschüttelnd und mit schmerzverzerrtem Gesicht zu Boden auf meine Knie und schrie "Neeeeeeeein, waaaaaruuuuum nuuuuuur, neeeeeeein!!!" während sich alle Tiere verängstigt in den Wald zurückzogen und Vögel von jedem Baum in die Höhe schreckten - ebenfalls in Zeitlupe eines Blockbusters... man erzählt sich noch heute, dass man meinen Schrei in ganz Österreich hörte.

Ze fix noch amoi! Wie konnte ich Vollidiot nur ausblenden, dass mit einer Wahrscheinlichkeit von exakt 99,9% genau dasselbe Vergnügen im Dachboden auf uns wartete wie einige Wochen zuvor im Wohnzimmer? Egal, 0,1 % is besser als in d'Hand g'schissen dachte ich mir und stemmte sogleich eine Diele vom Boden weg. Jessas, Maria und Joseph da war sie, die anno 18 Hundert allseits beliebte Erde, Schotter, Schlacke Mischung!

Aber halt, nicht wie im Wohnzimmer 30 bis 40 cm tief sondern gerade mal nur 10 cm! "Hahaaaa!", dachte ich triumphierend, „10 cm sind weniger als 40 cm!" Ganz klarer Fall von sauber Massel g'habt!

Die Sache mit alten Häusern und der Schachtel Pralinen

Wie wir in Kapitel 4 gelernt hatten, sind alte Häuser ja wie eine Schachtel Pralinen, man weiß nie was man kriegt. Forrest, also ich lief aber nicht sondern blieb und bekam folgendes:

Unter den ersten 10 cm unseres Albtraums befand sich nochmal ein Boden.

Dieser Boden war wieder mit 5 Meter langen Nägeln, na gut vielleicht waren auch die nur 15 cm lang, für die Ewigkeit fixiert und darunter dann weitere 40 cm Erde, Schotter, Schlacke.

Faktencheck:

1. Der Albtraum begann von vorne.

2. Der Albtraum hatte eine doppelt so große Fläche wie zuvor.

3. Der Albtraum war mit dem zweifach eingezogenem Boden gefühlt fast doppelt so tief.

4. Scheibtruhen waren wegen diverser Dachquerbalken und anderen Hindernissen nicht einsetzbar.

5. Der einzige Weg nach unten war eine schmale Treppe.

6. Wir sind am Arsch - Staub, Staub, Staub!!!

Ich machte dutzende Vorschläge was wir tun könnten, damit dieser Kelch an uns vorüber gehen würde.

Wenn ich mich recht erinnere kamen sogar dressierte Affen auf Minikamelen vor, oder waren es Drohnenbagger - ich weiß es nicht mehr.

Doch es half alles nichts - Schaufeln und Staubmasken warteten bereits auf uns.

Wo dieser helle Moment, ein Scheibtruhen großes Loch in die unfertige Decke zu machen um wenigstens keine Eimer die Treppe runter schleppen zu müssen, herkam weiß ich zwar nicht, aber es half ein wenig. Natürlich war das nur ein kleiner Tropfen auf dem heißen Stein, denn die Arbeit sah nun wie folgt aus:

Ersten Boden wegreißen und fluchen. Erste Schicht Erde, Schutt, Schlacke in Eimer schaufeln und fluchen. Eimer zum Loch tragen und in die darunter stehende Scheibtruhe schütten bis sie voll ist und fluchen. Treppe runter laufen, Scheibtruhe über provisorische Planken nach draußen befördern und über die 20 Meter entfernte Hangauffahrt runter zum Container - kein fluchen da Luft zu knapp. Dann die Holzrampe in den Container rauf, Schutt abladen und nach Luft schnappen. Auffahrt bei Schnee und Eis wieder rauf und 20 Meter zurück ins

Wohnzimmer - Luft wird noch knapper. Treppe wieder rauf, zu Atem kommen und fluchen. Danach wieder fließender Übergang zwischen fluchen und Eimer voll schaufeln.

Wir hätten eigentlich nur noch eine Schlammgrube gebraucht und das englische "Tough Guy Race" wäre fast komplett gewesen. Großartige Pausen gab es wie schon in einem anderen Kapitel erwähnt nicht wirklich, da wir noch Minusgrade hatten und wir noch immer unsere Zehen behalten wollten. Das ganze Prozedere ging tagein tagaus, es vergingen Tage, es vergingen Wochen und es grüßte mal wieder das Murmeltier.

Nur nicht aufgeben!

Eine unerwartet große Hilfe in diesen schweren Wochen war Steffis Mama, die im früheren Leben ein Duracell Häschen gewesen sein muss. Unermüdlich half sie mit wo sie nur konnte und jeder Handgriff war eine Erleichterung für uns - Danke Eva, du bist echt a zacha Hund!

Aufgeben war sowieso keine Option mehr, selbst wenn wir gewollt hätten. Unsere Edermühle war in einem Zustand, in dem man sie vermutlich nicht einmal geschenkt genommen hätte.

Als ob das alles nicht heftig genug gewesen wäre, standen wir, wie Du ja weißt, noch immer ohne Installateur da.

Durch einen großen Zufall fanden wir dann doch irgendwie eine Firma die uns wenigstens immer mal wieder dazwischen schieben wollte - das war nicht optimal, aber wenn man ganz dringend muss, dann teilt man sich in der Not auch eine Toilette.

Also metaphorisch gesprochen, Du weißt schon - ach egal.

Nachdem der gerichtlich bestellte Sachverständige seine Bestandsaufnahme gemacht hatte war klar, dass alles, ich wiederhole alles wieder raus musste.

Im Gegensatz zu Steffi, die immer noch bezaubernd aussieht, bin ich in dieser Phase glaub ich um 10 Jahre gealtert, weswegen auch eine hartnäckige Grippe eine Chance bei mir hatte. Nach 2 Wochen ging's dann aber auch für mich wieder weiter und schon bald sollten die Arbeiten für das neue Dach beginnen…

Kapitel 8 - Das neue Dach

Auch Profis machen Fehler

Der Titel ist uns sicher!
Nachdem wir die Dachhölle erfolgreich gemeistert hatten sowie etliche Physiotherapiestunden später, konnte die Arbeit der Profis beginnen.

Dach abdecken stand als erstes auf dem Plan und der Containerdantler überlegte ernsthaft eine Statue zu unseren Ehren auf seiner inzwischen neu gepflasterten Firmeneinfahrt zu errichten. Den Titel "Kunde des Jahres" konnte man uns jetzt offiziell nicht mehr streitig machen - welch ein glorreicher Sieg. Zum Korkenknallen war allerdings keine Zeit, denn erst einmal wollten die neu bestellten Container ja gefüllt werden.

Steffi und ich arbeiteten das erste Mal in so luftiger Höhe, aber es war weit weniger schlimm als befürchtet. Gut, im Gegensatz zu den Profis, die wie Gebirgsgämse auf dem Dach herumsprangen, machten wir eine Figur wie ein Frosch den man auf eine 60 Grad steile Glasplatte gesetzt hatte, aber Aussehen ist ja bekanntlich nicht alles. Das Dach abdecken selbst ging überraschend schnell von statten und der Ausblick vom Dachstuhl unserer

Edermühle am ersten sonnigen Tag des Jahres war einfach nur atemberaubend schön.

Die scheißen sich nix!

Alles lief leiwand bis Marko mit seinen gerade mal 18 Lenzen eine Holzlatte abschlug, welche ihm postwendend wieder entgegen schwang. Geistesgegenwärtig fing Marko sie mit seiner Hand ab, was angesichts des raustehenden Nagels am Ende der Latte, der sich nun in seiner Hand befand, recht schmerzhaft aussah. Vielmehr hatte der Nagel die komplette Handfläche durchdrungen. Während ich noch kreidebleich überlegte wie schnell der Notarzt wohl hier sein könnte, kam von Marko nur ein kindlich schmunzelndes "Boa, des hätt' ins Auge geh'n können Oida" während er sich den Nagel aus seiner blutigen Hand zog.

Nach dem 5ten "Geh schmarrn des is nix" von Marko sowie einem lachenden "Ja mei, der Marko gell" von seinen Kollegen, gab ich es auf einen Arzt rufen zu wollen. "Wow, echt zache Hund am Bau!" dachte ich mir und fuhr 15 Minuten später mit Marko ins Spital, weil inzwischen sein kompletter Arm gelähmt war - Sehne durchtrennt. Na Bravo, das fing ja mal wieder gut an. Mit einem Mann weniger an Bord ging es weiter.

Hinterholz 8

Als nächstes wurde der alte Dachstuhl, der wirklich fertig aussah, professionell in 3 Abschnitte zersägt und jedes einzelne Teil mit Hilfe eines Krans in unseren Garten gehievt. Naja, Garten ist vielleicht etwas blumig ausgedrückt, denn inzwischen sah es hier inklusive Edermühle ohne Dach wie Dresden 45 aus. Gerald, der mal wieder zum anpacken dabei war meinte im Nachhinein nur "Da dacht i wirklich es könnts des ois schleifen". Zu Deutsch heißt das so viel wie, dass der Abriss des Gebäudes nicht weit entfernt war.

Wir hatten auch tatsächlich einen original "Hinterholz 8" Moment - wenn Du den Film nicht kennst, dann schau ihn Dir an aber am besten erst nachdem Du gebaut oder saniert hast. Jedenfalls stand zur Diskussion ob wir den alten Kamin stehen lassen oder "schleifen".

Pro: An dem windigen Ding hingen die Selch und der gemauerte Griller im Innenhof.

Contra: Windige Dinge zu sanieren kosten meistens viel Geld .

Der Traum von der eigenen Selch wurde vom Rauchfangkehrer dann aber kurzerhand zu Nichte gemacht:

„Brandgefahr! - Nein? - Doch! - Ooh!"

Naja aber da hing ja noch dieser phänomenal geniale gemauerte Griller im Innenhof an dem Kamin. Es hatte sich bei näherer Betrachtung zwar herausgestellt, dass er arg niedrig zum grillen war, selbst für kleinere Menschen wie Steffi und mich, aber wir hatten ja inzwischen gute Kontakte zu einem Physiotherapeuten. Die Entscheidung wurde uns allerdings abgenommen als der betreffende Teil vom Dachstuhl leicht angehoben wurde. Kurzerhand entschied sich der Kamin zum Selbstmord und kippte zur Seite.

Somit waren der Kamin und die Entscheidung gefallen. Außer dem Kamin selbst gab es keine Toten oder Verletzten zu verzeichnen - ein guter Tag!

Durch solche Kleinigkeiten ließen wir uns aber nicht lange aufhalten, denn es war endlich Premierenzeit angesagt. Seit Monaten des Abrisses und der Zerstörung wurde in der Edermühle das erste Mal wieder etwas aufgebaut - der erste Installateur zählte nicht, denn das ging bestenfalls als schlechtes Kunstwerk durch, was sowieso wieder komplett rauskam wie Du ja zwischenzeitlich erfahren hast.

Die Truppe unter dem Kommando des Poliers Hias war mehr als fleißig und beantwortete uns auch alle noch so dummen Fragen. Im Gegenzug erledigten wir alle uns angeschafften Arbeiten zur vollsten Zufriedenheit der Mannschaft. Und schneller als gedacht stand ein prächtiger neuer Dachstuhl auf unserer Edermühle - ein toller Anblick!

Jetzt fragst Du Dich sicherlich, was Steffi und ich während des Aufbaus des Dachstuhls gemacht haben.

Naja weißt Du, irgendwann wollen sich Bauherren ja auch mal ausruhen nach so einer Tortour, also packten wir die Liegestühle aus, bestellten Champagner und Kaviar und während wir uns massieren ließen und über die Leichtigkeit des Seins philosophierten - BIST DU WO ANGRENNT!

Was glaubst denn was ma g'macht haben, wenn der Untertitel des Buches das Wort VOLLSANIERUNG enthält!

Hier lauerte die nächste Watsch'n an jeder Ecke und zwar zu jeder Zeit und überall! Das alles nahm nämlich überhaupt kein Ende! Niemals! Keine Ahnung was wir uns dabei gedacht hatten! Wir würden hier nie fertig werden und einziehen können!

Niemals verstehst Du!

Ok, ok beruhigen wir uns wieder und ich versuche die Frage nochmal in Ruhe zu beantworten.

Während die Profis also den Dachstuhl aufstellten und wir lediglich zwischendurch kleine Depperlarbeiten erledigen konnten, „entschlossen" wir uns ganz getreu unserem Motto „jetzt is eh scho wurscht" neben dem Bad im Obergeschoss weitere Böden im Erdgeschoss weg zu stemmen.

Im Gegensatz zum Bad im Obergeschoss redeten wir aber hier nicht von knapp 5 Quadratmetern sondern von geschmeidigen 50 Quadratmetern.

Ein weiteres Tor zur Sanierungshölle? Definitiv ja! Absolute Katastrophe? Nein, schon lange nicht mehr. Viel mehr als oasch geht halt einfach nicht und so handelte es sich inzwischen eher um eine Art lästige Randnotiz die abgearbeitet werden musste und uns abgesehen davon den „Kunde des Jahres" Titel beim Containerdantler auf Ewigkeit sichern würde. Darüber hinaus wollten dessen Kinder ja vielleicht mal studieren oder so, und auch mein Physiotherapeut freute sich weiter über unsere regelmäßigen treffen, weil er grad bauen lies.

Jaja so ein Leben von einem Conatinerdantler und einem Physiotherapeuten kost' ja schließlich auch ein Geld und man hilft ja wo man kann.

Ganz nebenbei gab es mal wieder eine Nachricht vom Rauchfangkehrer bezüglich des gemauerten Ofens:

„Brandgefahr! - Nein? - Doch! - Ohh!"

Der Abbruch hatte es mal wieder in sich. Abgesehen von einem beinahe Nasenbeinbruch und einer kaputten Brille, kam ein völlig angekokelter Balken in der Zwischendecke zum Vorschein - die Vorbesitzer waren einem Hausbrand mehr als nur knapp entgangen.

Staub und Dreck sowie eine neue Containerbestellungen waren natürlich serienmäßig beinhaltet.

Kurz bevor ich meinen Physiotherapeuten anhauen wollte ob es da nicht eine Möglichkeit geben würde Physio- und Psychotherapie zu einem Vorteilspreis zu bekommen, abgesehen von der Kosten - wäre es auch eine Zeitersparnis gewesen, bekamen Steffi und ich 2 Tage baustellenfrei.

Ich würde mich inzwischen übrigens als professionellen Stemmamateur bezeichnen und selbst von Steffi bekam ich mehr als nur ein mal ein Lob für diese Leistung.

Dieser Baustellenhumor

Was macht man mit 2 Tagen baustellenfrei? Richtig, man fährt in seine Wohnung nach Oberösterreich um zu arbeiten.

Wirklich frei hatten Steffi und ich inzwischen seit über einem halben Jahr nicht mehr. Der Wetterbericht sagte für den Abend leichte Gewitter voraus, was uns tierisch nervös machte. Unser Haus stand ja quasi oben ohne da und auch wenn wir wussten, dass es Planen gab um alles abzudecken so wusste man ja nie wie sich ein Gewitter so entwickelt - eine Plane ist halt einfach kein Dach.

Kurz darauf bekamen wir einen Anruf von der Baustelle "Da Hias is vom Dach gfalln!".

"Nicht sehr witzig" antwortete ich trocken, denn an den manchmal makaberen Baustellenhumor hatte ich mich inzwischen schon gewöhnt.

"Na, da Hias is vom Dach gfalln!" ertönte es erneut vom anderen Ende der Leitung.

"Wenn das jetzt kein Witz ist, dann..."

"Des is koa Witz ned! Obigsegelt issa!".

„Ja... ja und jetzt? Wie gehts ihm? Ich… Ich mein lebta eh noch oder?".

"Jo na eh, im Spital issa halt jetzt und mia kena ned weida mocha..."

Ein Bauverzug war gerade meine wenigste Sorge. Hias lebte, das war das Wichtigste, aber was war passiert? Der Versuch mit einer Plane den Dachstuhl zu schützen kombiniert mit einer Windböe und ein aus unerklärlichen Gründen fehlendes Gerüst im Innenhof führten zu einem 6 Meter tiefen Sturz auf Waschbetonplatten. Einen Rettungshubschrauber und Zeitungsartikel später kannte uns jeder in der Umgebung als "Die mit dem Dach". Eine unangenehme Berühmtheit, vergleichbar mit der eines Z Promis im Dschungelcamp, aber immerhin waren wir nicht "Die mit dem toten Polier".

Eine Reha später und Hias war so gut wie neu. Jetzt wussten wir auch warum man eine nageldurchschlagene und blutverschmierte Hand so witzig findet - wega dem kloanen Kratza und dem bleichen Bauherren warats gwesen.

Bist du deppert, de Hund san zach!

Wir müssen weiter machen

Das leichte Unwetter dieser einen Nacht hatte für unsere Edermühle keine weiteren Folgen und es sollte strahlender Sonnenschein den Rest des Dachbaus begleiten.

Auch wenn Steffi und ich ab sofort mit einem sehr mulmigen Gefühl aufs Dach stiegen um unsere Arbeiten zu erledigen, so mussten wir das einfach durchziehen - ich für meinen Teil hätte autoritäre Schwierigkeiten mit dem Titel "Prinzessin" bekommen der mir von Seiten unserer Dachgladiatoren gegeben worden wäre, da bin ich mir sicher.

Ohne Tote und Verletzte, Fleischwunden zählen nicht wie Du weißt, wurde das Dach letztendlich fertig gestellt - dachten wir zumindest.

Die Edermühle war jetzt wieder dicht. Naja, mehr oder weniger, denn die Mauerbalken waren noch nicht untermauert, was natürlich die halbe Mausebevölkerung des Waldviertels zu uns einlud.

Damit Du Dir das vorstellen kannst - bis in den Herbst hinein, das ist die Zeit wo Nager und ähnlich possierliche Tierchen sich ihr Winterquartier suchen, klafften teils 20 cm tiefe und mehrere Meter breite Lücken unter den Mauerbalken hervor. Diese lagen lediglich auf kleinen Holzpackerln auf, was nur die Funktion hatte, den Dachstuhl im Wasser auszurichten - sprich, damit er gerade ist.

Wir sollten noch bis zum frühen Winter 2015 warten müssen, bis die ausstehenden Arbeiten endlich erledigt wurden, nicht bevor jedoch festgestellt wurde, dass der Firma ein klitzekleiner und fast unbedeutender Fehler unterlaufen war. Ich meine, irren ist menschlich und Dinge vergessen wir alle mal, aber dann gibt es da Sachen, die sollten vermieden werden.

Als ich eines Tages mal wieder unseren Dachstuhl bewunderte - spießig leck mich doch am Arsch - kam mir ein Balken anders vor als sonst.

„Steffffffffiiiiiiiiiiiii?!!!!!"

„Jaaaaaaaaahhhhhhhh?!!!!!!!"

Des is übrigens voll super wennst ohne Nachbarn wohnst.

„Komm mal!!!!!!!!!!"

Zu zweit begutachteten wir 1 Minute später ungefähr 10 Minuten lang den nichtaufliegenden Längsbalken.

„Der is doch leicht schräg oder…?" fragte ich irritiert und unsicher.

Statt dem erhofften und üblichen „Geh schmarrn!" kam ein bedrohliches „Hmmm… Weiß nicht…" von Steffi.

Um Himmels Willen! Schwimmwesten an! Sofort in die Rettungsbote! Steffi weiß nicht! Frauen und Kinder zuerst! Wir werden alle absaufen!

Den Fehler bei unserem Dach könnte man zwischen einem Klo ohne Spülung und einem Auto ohne Bremsen einstufen - die komplette Dachkonstruktion war leider nicht mit dem Haus verbunden worden.

Die paar Schräubchen, die Steffi und ich als Laien für die Befestigung hielten, hatten eine eher untergeordnete Funktion. Wäre eine entsprechende Schneelast oder ein Sturm gekommen, dann gute Nacht.

Wir wären im Dorf dann „Die ohne dem Dach" gewesen - super.

Da wir weder Interesse an so etwas wie „Die Gebrüder Grimm - Reloaded" noch an einem 2ten Gerichtsverfahren hatten, baten wir Kurzerhand eine nahegelegene und unabhängige Zimmermannsfirma zu uns um eine professionelle Einschätzung zu bekommen.

Diese bestätigte und dokumentierte uns den Schlamassel.

In solchen Dingen inzwischen emotional abgestumpft suchten wir das Gespräch mit der Firma die das zu verantworten hatte und wurden positiv überrascht.

Ohne ein wenn und aber, wurde das Dach innerhalb von nur 2 Woche saniert.

Eine Sanierung der Sanierung sozusagen - klingt komisch ist aber so.

Nach dem Motto Vertrauen ist gut Kontrolle ist besser wurde das tadellose Ergebnis von entsprechend anderen Stellen bestätigt.

Das Haus der Edermühle war jedenfalls wieder dicht und trocken.

Hier zeigt sich übrigens der Unterschied zwischen guten und schlechten Gewerken am Bau. Fehler passieren immer, die Frage ist nur wie damit umgegangen wird. Die Dachfirma reagierte vorbildlich und leistete unterm Strich eine wirklich gute Arbeit.

Ach ja, woran merkst Du übrigens, dass Du spießig geworden bist?

Wir glauben, wenn Du mit dem Auto durch die Gegend fährst und einer plötzlich sagt „Uhi schau, die haben aber ein schönes Dach" und der andere mit „Ja, das ist wirklich schön!" antwortet - dann ist es soweit…

Kapitel 9 - Der Innenausbau

Handwerker - es gibt solche und solche

Die Handwerkerehre

Der Innenausbau für sich allein würde schon wieder genug Stoff für ein eigenes Buch liefern, aber ich werde versuchen es als Kapitel zu schreiben.

Inzwischen hatten wir den 1.8.2015 und Steffi und ich waren auf die Baustelle ohne Wasser und Heizung gezogen.

Da der Ersatzinstallateur wie gesagt nur phasenweise bei uns gearbeitet hatte und uns dann auch noch sitzen lies, weil der Kindergarten saniert werden musste, hatten wir inzwischen Installateur Nr. 3 bei uns.

Die Rohinstallation war wenigstens soweit fertig und ob mans glaubt oder nicht, da alle guten Dinge bekanntermaßen 3 sind, rufen wir den letzten Installateur auch heute noch an, wenn es etwas zu tun gibt.

Naja, es war inzwischen ohne größere Komplikationen das meiste verputzt worden und wenigstens hatten wir Internet und konnten so arbeiten.

Katzenwäsche gab's am Bach, eine Pipibox für grobe Notfälle stand bereit und damit wir beide nicht total verlotterten gab es eine Bauherrenauffangstation, welche bei Steffis Mama und ihrem Lebensgefährten Wolfgang ganz in der Nähe eingerichtet wurde.

Die beiden waren während der Sanierungsphase so angetan vom Waldviertel, dass sie kurzerhand hier herzogen.

Schwiegermutteralarm hin, Schweigermutteralarm her - das war für uns eine große Erleichterung.

Nachdem Du Dich ja jetzt ein kleines bisschen in unseren nicht enden wollenden Sanierungsmarathon mit all seinen Höhen und Tiefen einlesen konntest, fragst Du Dich wahrscheinlich zwischenzeitlich, ob es überhaupt noch anständige Handwerker auf dieser Welt gibt. Wir geben zu, auch wir zweifelten mehr als einmal an unserer Auffassung von ordentlicher Arbeit bzw. stellten wir uns tatsächlich die Frage, ob wir vielleicht unbemerkt auf einem falschen Planeten gelandet waren, wo schlechte Arbeit als oberstes Ziel gilt. Nein, wir waren auf dem Planeten Erde und nein wir haben keine ungewöhnliche Auffassung von ordentlicher Arbeit.

Unser Küchenbauer, der örtliche Fliesenleger, der Elektriker, zwei örtliche Schreiner die einsprangen, wenn der eigentlich Beschäftigte einen Engpass hatte, der 3te Installateur und noch viele andere Handwerker zeigten uns, dass Handwerk einfach eine Kunst ist, die gelernt sein will. Natürlich können auch da Fehler passieren, die Frage ist aber vielmehr welche Fehler und vor allem wie damit umgegangen wird.

Es zeigte sich aber zum Glück, dass es sie tatsächlich noch gibt - die Handwerkerehre.

Die Mauer ist ja auch schräg

Natürlich gibt es aber eben auch Menschen, die bestenfalls als Hobbyheimwerker taugen und ihre "Kunst" trotzdem als Handwerk anpreisen wollen und dafür sogar auch die Preise dieser Kunst verlangen.

Bei unserer Toilette wurde z. B. aus Budgetgründen ein Wandaufbau auf die Mauer gemacht. Das geht schneller und ist somit günstiger als die alte und völlig schräge Wand neu zu verputzen. Als ich morgens nach dem Rechten sah, traute ich meinen Augen kaum. Die Wand war vollkommen schief und mit schief meine ich 30 cm Unterschied von links nach rechts, auf eine Länge von vielleicht 90 cm. Ich musste unweigerlich lachen, denn ich war äußerst gespannt auf die Antwort, warum die Wand so schräg war. Die Antwort war ebenso simpel wie genial "Ja die Mauer dahinter ist ja auch schräg". Ja bist du deppert! Ich wusste auf einmal mehr als ein Handwerker, nämlich dass ich durch einen WandAUFbau genau solche Sachen korrigieren konnte. Vielmehr war es in unserem Fall der einzige Sinn und Zweck dieses WandAUFbaus schräge Mauern kostengünstig zu korrigieren. "Ja dann muss i des aber ois wieda obireißa" sagte der Handwerker völlig verdutzt, wohl darauf hoffend, dass ihm ein "Ach so! Na wenn das so ist, dann lassen wir den Wandaufbau natürlich schräg stehen." entgegnet wird.

Ich musste ihn leider enttäuschen und zähneknirschend machte er sich ans Werk, nur um mir 2 Stunden später eine erneut schräge Wand zu präsentieren - diesmal in die andere Richtung schräg. Jetzt weiß man nicht ob man lachen oder weinen soll. Nach dem dritten Versuch, dem Tipp eine Wasserwaage zu benutzen und der Klarheit, dass wir dieses Spiel solange machen würden, bis die Wand gerade war, klappte es dann. Beim Waschraum waren wir nicht vor Ort und haben jetzt eine schräge Wand, was mir als "So haben Sie mehr Platz" verkauft werden sollte - man einigte sich dann anderweitig.

Dies und das

Sachen schief oder schräg machen ist offensichtlich eine tief verwurzelte Leidenschaft bei so manchem "Handwerker" - die Anführungsstriche sind mir sehr wichtig, weil ich nochmals betonen möchte, dass ein richtiger Handwerker tatsächlich eine Handwerkerehre besitzt und nicht einmal auf die Idee kommen würde, die eben beschriebenen Dinge so abliefern zu wollen.

Naja, jedenfalls habe ich bei entsprechenden Gewerken irgendwann aufgehört lange zu diskutieren nur um mir dann unterm Strich den größten Blödsinn anzuhören.

Ich mein ich war doch nicht blöd und stemmte hier seit Monaten wie ein Weltmeister Böden und Wände im 1 Millionen Tonnen Bereich weg, nur damit danach irgendwelche Vollkoffer die Sachen falsch oder schief einmauerten.

Stattdessen kam von mir also in entsprechenden Situationen nur noch ein knappes aber höfliches "Schief, Wasserwaage, bitte noch mal - tut mir leid." was dann durchaus Wirkung zeigte.

Diese Taktik funktioniert allerdings nur, wenn die Arbeiter auch Deutsch sprechen.

Blöd wird's zum Beispiel dann, wenn plötzlich ein Trupp von 4 Männern vor Dir steht und Dir ein kurzes „Wir Boden" hinwirft.

„Ja, kommt's ihr eh von unserem Generalunternehmer oder?" fragte ich zur Sicherheit nach.

„Wir Boden" wiederholte sich der Sprecher der Truppe selbstbewusst.

Aha die waren also Boden.

Naja warum eigentlich nicht. Da ich aber gerne weiß was da g'macht wird um zur Not auch mal was nachfragen zu können war des jetzt schon blöd, auch wenn die 4 Boden ganz fleißig aussahen.

Ich griff also zum Telefon und rief den Verantwortlichen an.

„Du Sepp", wir waren mit unserem Generalunternehmer ganz professionell per Du „Hier stehen 4 Boden - sind die eh von Dir oder?"

„Was für 4 Boden? Meinst leicht die Hakler für'n Parkett?"

„Ja ich mein die Hakler für'n Parkett. Du des nützt mir fei gar nichts, wenn Du mir nen Restposten Parkett gibst, weil ma uns den sonst nicht leisten können, nur damit der dann später wieder rausgrissen werden muss. Du Sepp, dann lass ma lieber gleich nur die OSB Platten drinnen wie ursprünglich geplant und guat is."

„Was is jetzt eigentlich dei Problem Christian?" kam es ernsthaft zurück.

„Ja zefix no amoi! Wie soll ich denn mit denen arbeiten Sepp, wenn wir uns nicht mal verständigen können? Außer „Wir Boden" sprechen die kein Wort Deutsch. Sind die eh auch legal da oder?"

„Christian jetzt scheiß Di ned glei so o. Freilich sind die legal da, i bin ja eh in der Haftung und reden brauchst mit denen eh auch nicht, die soll'n ja was hakeln und ned red'n!".

Es war sinnlos. Mit der Haftung hatte er zwar zum damaligen Zeitpunkt recht, aber was nützt mir des, wenn da nachher alles wieder raus gnommen werden muss. Vier völlig überforderte Gesichter, die bis jetzt nur Bahnhof verstanden hatten, blickten mich inzwischen erwartungsvoll an.

Augen zu und durch dachte ich mir, es half ja alles nix und wir hatten schließlich noch andere Baustellen in der Edermühle.

„Ja ok, dann kommt's mit, ich zeig euch wo der Boden hinkommt."

„Wir Boden."

„Ja ich weiß…"

Entgegen unserer schlimmsten Befürchtungen verlegten die fantastischen 4 in einem Tempo und einer Sorgfalt den Parkett, dass es eine reine Freude war.

Auch wenn die ein oder andere pantomimische Einlage von uns nötig war um uns verständlich zu machen, lag nach wenigen Stunden auf über 100 Quadratmeter fein säuberlich ein wunderschöner Restpostenparkett.

Die Jungs waren wirklich Boden!

Da wir natürlich trotzdem nicht täglich auf der Baustelle sein konnten, kamen immer wieder die kuriosesten Dinge zustande.

Da gab es zum Beispiel diese eine Duscharmatur welche gefühlsmäßig ein bißchen zu weit oben montiert worden war. Mich hätte es jetzt nicht wirklich gestört bis Steffi sagte „Tu doch mal so als ob du jetzt duschen würdest."

„Geh Steffi, für so nen Schmarrn hamma jetzt wirklich keine Zeit."

„Tu doch bitte einfach mal so, als ob du duschen würdest Christian!" forderte sie mich erneut und eindringlich auf.

Als Steffi auch nach einem lautstarken „Ich bin stemmen!" - man kann es ja mal versuchen - nicht abließ ging ich genervt in die Dusche und tat so als ob.

„Ja und, is doch eh super oder nicht" sagte ich genervt während ich Duschbewegungen machte.

„Jetzt wasch deinen Kopf - schnell!!!"

Von diesem zugerufenen „schnell" hochmotiviert schnellten meine Arme nach oben während ich mich gleichzeitig etwas nach rechts drehte um Steffi mein Ausstieg aus diesem komischen Spiel mit zu teilen.

ZACK! Ein kurzer intensiver und schmerzerfüllter Schrei erfühlte die Baustelle, gefolgt von einem von Herzen kommenden „Leck mich doch am Arsch ze fix!"

Die zu hoch montierte Duscharmatur und mein Meisal, auf hochdeutsch auch Musikantenknochen genannt, hatten soeben eine zutiefst leidenschaftliche Bekanntschaft miteinander gemacht.

Nach diesem Vorfall und entsprechenden Rückbau wussten wenigsten alle, inklusive dem ausführendem Handwerker wozu es Richthöhen bei so etwas gibt - wega der Vermeidung von Schmerzen warats gwesen.

Toll waren auch schräge WCs und noch toller WCs deren Deckel man nicht hochklappen konnte, weil sie zu nahe am Spülkasten montiert worden waren.

Ich meine, nicht dass sowas nicht mal vorkommen kann auch wenn es so tolle Erfindungen wie Zollstock und Maßband gibt, nein was einen wirklich ärgert ist, dass einem das als fertiges Ergebnis präsentiert wird.

Was erwarten sich solche Handwerkskünstler denn dann als Reaktion?

Ein Schulterklopfen und nen Fuffi extra begleitet von einem „Naja, Du hast es ja wenigstens versucht, weiter so, es ist noch kein Meister vom Himmel gefallen."?

Wir erinnern uns - es handelte sich hier immer hin um eine professionelle Baustelle mit professionellen Preisen und nicht um ein soziales Projekt mit dem Schwerpunkt betreutes Handwerken für Vollkoffer.

Apropos Vollkoffer - nie vergessen werde ich auch die Küchenoberlichter, die aufgrund ihrer von langer Hand geplanten Position Schatten statt Licht warfen. Trotzdem versuchte man uns bis zum Schluss einzureden, dass die sicher keinen Schatten werfen würden, nur um dann wieder alles neu zu machen - wegen den Schatten warats gwesen.

Ein Highlight in der Rubrik Steckdosen war eine Vorbereitungsarbeit bei der es zu einer Art selbstgebastelter Steckdosenleiste aus nicht weniger als 14 Steckdosen kam ganz nach dem Motto „Eine geht noch, eine geht noch rein…".

Selbiger Künstler brachte es übrigens auch zu Stande eine ganze Heizungsregulierung welche sich 15 cm über dem Fussboden befand professionell und somit spurlos verschwinden zu lassen.

Es wurde dafür einfach eine entsprechend große Styroporplatte zurechtgeschnitten und in der Öffnung platziert, damit man schön gleichmäßig die komplette Wand verputzen konnte.

Das darauf folgende Spiel „Wer findet mit Hammer und Meißel die zugeputzte Heizregulierung wieder" fand niemand so richtig witzig, ja nicht ein mal der Erfinder selbst, weil er ja ganz überraschend alle „Fehlversuche" wieder verputzen musste.

Schräge Türen, Türen, die von alleine zufielen und eine Balkontüre, die sich nicht öffnen ließ durften natürlich auch nicht fehlen.

Heizungen, die schräg montiert wurden sowie Heizungsanschlussrohre, die in einem 45 Grad Winkel in den Boden ragten rundeten das komplette Angebot ab.

Ein besonderes Schmankerl war aber auch die gefliese Duschrückwand, die sage und schreibe 3 mal aufgebaut wurde - naja alle guten Dinge sind eben 3.

Es gab eigentlich fast nichts, was es nicht gab. Wenn Du Dich jetzt fragst, ob wir keinen Bauleiter hatten - na klar hatten wir den!

Der wurde wie vorhin erwähnt ja sogar als sogenannter GU also Generalunternehmer beauftragt - naja also gleich nachdem das mit dem Installateur der nie da war passiert war.

Aber was nützt Dir ein Bauleiter oder Generalunternehmer, wenn einfach so viele verschiedene Menschen und Firmen an einem Projekt arbeiten? Da passieren einfach Fehler.

Jaja, ich weiß, jetzt kommen wieder die ganz die Gscheiden und die Schwägerinnen mit ihrem angelesenen Fachwissen und schreien „Baugutachter! Baugutachter!" und „Du brauchst einen der haftbar is! Haftbar!".

Klar ist der Generalunternehmer haftbar - aufm Papier. Gratulation.

Wir hatten mit unserem Installateur des Grauens ja so ne Haftungsgeschichte vor Gericht durch - viel Glück beim klagen. Glaub uns einfach - das ist das allerletzte was Du willst. Völlig wurscht wie die Beweislage ist und was Dein Hausverstand zur Sachlage sagt - Recht haben und Recht bekommen kommt nicht von ungefähr und so gilt es unter allen Umständen Fehler zu vermeiden.

Aber das kann natürlich jeder für sich selbst entscheiden, ob er die nächsten 10 Jahre auf einer Dauerbaustelle wo die Mängel behoben werden - oder auch nicht - und diversen Gerichtssälen verbringen möchte, weil man ja jemanden hat der so super haftbar ist.

Vertrauen ist gut, Kontrolle ist besser ist die Devise, die wir als Fazit der letzten 2 Jahre mitnehmen können. Wenn Du Dich nicht wenigstens ein bisschen auskennst, scheut so mancher Goldgräber auf einer Baustelle keineswegs davor zurück Dir das Blaue vom Himmel zu erzählen ohne Scham und ohne mit der Wimper zu zucken.

Obacht
Bei folgenden Aussagen von Handwerkern solltest Du prinzipiell einmal hellhörig werden:

1. Kein Problem, des mach ma mit Bauschaum.

2. Na, na, des ham ma scho immer so g'macht.

3. Des kann ned sein, davon ham ma no nie was g'hört.

4. Machen's sich keine Sorgen, mir wissn was ma da tun.

5. Die Norm gibts nicht.

6. Ah geh, so genau müssen's das nicht nehmen, des verspielt sich.

7. Des kriag ma scho.

8. Weil des hoid einfach so is

Pure Freude
Doch Steffi und ich ließen uns einfach nicht unterkriegen, auch wenn wir inzwischen wussten warum es so viele Scheidungen während des Hausbaus gibt.

Wenn man bei sowas nicht zu 100% an einem Strang zieht und füreinander da ist, dann hat man verloren.

Wir bissen uns also durch. Tag für Tag, Woche für Woche und Monat für Monat.

Im Dezember 2015, ein Jahr später als geplant, war es dann endlich soweit - die wichtigsten Dinge im Wohnhaus waren geschafft! Die erste eigene warme Dusche in der Edermühle war ein Highlight, das Steffi und ich wohl nie vergessen werden. Wie niemals zuvor wissen Steffi und ich ursprünglich selbstverständliche Dinge wie fließend warmes Wasser, eine damit verbundene Dusche oder sogar eine Badewanne so sehr zu schätzen wie heute. Von Sachen wie einer Waschmaschine, einem Kühlschrank, einem Waschbecken, einer Küche usw. ganz zu schweigen. Ein trockenes und warmes Zuhause, in dem alles funktioniert ist einfach etwas ganz, ganz Tolles.

Wenn Du jetzt überlegst wann wir komplett mit dem Hof fertig sein werden kann ich Dir das ganz genau sagen - nie.

Ich glaube wenn Du bei so einem Vierkanter fertig bist, dann kannst Du gleich von vorne wieder anfangen, doch an das unglaubliche und übermenschliche Ausmaß vom Haupthaus werden wir wohl zum Glück nicht mehr rankommen.

Demnächst steht der kleine 30 qm Minibungalow mit eigener kleiner Kochnische, Bad und WC, der für Urlauber gedacht ist und die Werkstatt für Seminare an.

Ja, es wird auch wieder der dessen Namen man nicht aussprechen darf auf mich warten und ja, eine Sanierung ist das quasi auch, aber nachdem bis jetzt von uns Erlebten kann man solche Dinge mit einem Lächeln betrachten.

Auch wenn noch so einiges vor uns liegt, wir vieles erlebt haben, Gutes wie Schlechtes bis hin zu wirklichen Katastrophen, wir bereuen keinen Tag uns auf dieses Abenteuer Leben eingelassen zu haben.

Schlusswort

Dieses Buch wird vermutlich nicht Dein erstes Buch übers Bauen oder Sanieren sein.

Falls doch, tut es mir leid, allerdings wird Dein jetziges Gefühl „vielleicht sollte ich dann lieber doch nicht bauen/sanieren" durch andere Bücher dieser Art nur verstärkt werden.

Diese ominösen „Bei uns lief alles nach Plan, man muss es halt nur richtig machen" Menschen sind wie Lottogewinner, die einem erklären möchten wie man Geld verdient.

Ratgeber der „So läuft garantiert nichts schief" Art sind mit ihren „Tipps" teilweise derart weit von der machbaren Realität entfernt, dass es weh tut und ich ein zweites Buch darüber schreiben könnte.

Die Baubranche ist wie sie ist und es gehört einfach auch Glück dazu, dass der Traum nicht zum Albtraum wird - so ehrlich muss man das schon mal auf den Punkt bringen finde ich.

Da geht es vergleichsweise einfach um riesige Summen und jeder will mitverdienen - vielen ist leider egal wie.

Die wichtigste Sache überhaupt ist ein entsprechend großer Puffer, den Du egal mit wem, wo und wie Du baust oder sanierst, einplanen musst.

Wie groß dieser Puffer ist, erfährst du unter 0190... - nein Unsinn, aber das wäre dann jetzt schon Buch Nummer 3…

Die zweitwichtigste Sache ist Hausverstand und nochmal Hausverstand.

Natürlich ist man nur Leihe und ich verstehe auch wie nervig es für Handwerker sein kann, wenn der Bauherr mit gefährlichem Halbwissen bewaffnet alle 30 Minuten aus professioneller Sicht vermeintlich dumme Fragen stellt, nur ist da genau drauf g'schissen - Punkt.

Warum? Weil es hier nicht darum geht, dass der Handwerker oder wer auch immer nen möglichst stressfreien Arbeitstag hat, nein sondern weil es hier um Summen geht bei denen nicht weniger als Deine Existenz aufm Spiel steht, verstehst.

Wenn Dir an der Wursttheke was komisch vorkommt fragst ja auch nach oder?

Wennst auf Amazon irgend einen Schrott für 29,95 kaufst, recherchierst ja vorher auch 5 Stunden und reklamierst, auch wenn auch nur ein Furz ned passt oder?

Bloß weil die Herrschaften vom Bau in 10.000er Schritten abrechnen heißt des lange nicht dass des sowieso alles passt.

Ein Mensch, der Dir bei solchen Summen nicht logisch erklären kann warum dies und das jetzt so und so gemacht wird oder auf höfliche und logische Nachfragen pampig reagiert ist entweder ein absoluter Vollkoffer oder is gerade dabei Dich so richtig zu bescheißen - fix.

Solche Menschen werden Dir ein schlechtes Gewissen einreden wollen. Sie werden versuchen Dich mit sinnlosen Floskeln ruhig zu stellen. Sie werden versuchen Dich um den Finger zu wickeln. Sie werden notfalls versuchen Dir wie auch immer Angst zu machen.

Alles wurscht - Du hörst auf Deinen Hausverstand und sonst nix! Ein guter Handwerker kann das ab - Punkt!

Das bestätigte sich bei vielen Gewerken und Handwerkern mit denen wir heute noch in gutem Kontakt stehen und leider auch bei jenen wie dem Installateur, mit dem wir ja wie Du weißt vor Gericht landeten.

Wie auch immer, Steffi und ich hatten schlicht und ergreifend nur Glück, dass wir eigentlich vor hatten so gut wie keine Schulden zu machen - die haben wir jetzt.

Diese bewegen sich allerdings, dank der mehr als niedrig angesetzten Latte, zum Glück in einem völlig normalen Rahmen.

Aber die gute Nachricht zum Schluss.
Du hast nur dieses eine Leben! Was Du träumen kannst, kannst Du auch realisieren!

Du wirst Kompromisse eingehen müssen - na und!

Du wirst leiden - das geht vorbei!

Du bist nicht alleine - besser als nichts!

Du wirst Dich über Dein erreichtes Ziel freuen und ewig stolz drauf sein!

Dieses Buch ist übrigens kein Bauratgeber, sondern dient lediglich und ausschließlich dem selbsttherapeutischen Zweck eines ehemaligen Bauherrn.

Ach ja und an die komplette „Genau so macht man's richtig - Bauen ohne Risiko" Fraktion ein herzliches österreichisches und völlig neidfreies – geht's Scheiß'n…

Wega meina Therapie warats gwesen…

Inhalt: Seite

Kapitel 1
Die Suche 4

Kapitel 2
Der Kauf 31

Kapitel 3
Die Entrümpelung 44

Kapitel 4
Stemmen und Putz abschlagen 50

Kapitel 5
Der Installateur der nie hier war 60

Kapitel 6
Hiobsbotschaft gefällig? 77

Kapitel 7
Vorbereitung zur Dachsanierung 84

Kapitel 8
Das neue Dach 94

Kapitel 9
Der Innenausbau 108

Fotos zur Sanierung:
www.edermühle.at

ISBN 978-3-7450-9737-5

www.epubli.de